O.W. BARTH

Charlotte Joko Beck

ZEN
UND DAS ALLTÄGLICHE WUNDER

Wie wir lernen, das Leben anzunehmen, wie es ist

Aus dem amerikanischen Englisch von Gerd Bausch

O.W. BARTH

Die amerikanische Originalausgabe: »Ordinary Wonder«
erschien 2021 bei Shambala Publications, Boulder, Colorado.

Besuchen Sie uns im Internet:
www.ow-barth.de

Die Verlagsgruppe Droemer Knaur hat sich zu einer nachhaltigen Buchproduktion verpflichtet. Gemeinsam mit unseren Partnern und Lieferanten setzen wir uns für eine klimaneutrale Buchproduktion ein, die den Erwerb von Klimazertifikaten zur Kompensation des CO_2-Ausstoßes einschließt.
Weitere Informationen finden Sie unter www.klimaneutralerverlag.de

FSC www.fsc.org MIX Papier | Fördert gute Waldnutzung FSC® C083411

Deutsche Erstausgabe Oktober 2022
O.W. Barth

Redaktion: Susanne Wallbaum
Covergestaltung: atelier-sanna.com, München
Coverabbildung: TopGear / Shutterstock.com
Illustration im Innenteil: vectortwins / Shutterstock.com
Satz: Adobe InDesign im Verlag
Druck und Bindung: CPI books GmbH, Leck
ISBN 978-3-426-29332-4

2 4 5 3

INHALT

Vorwort

Von Jan Chozen Bays

Charlotte Joko Beck war ein einzigartiger Mensch. Noch jenseits der vierzig schlug die damalige Sekretärin ganz neue Wege ein und wurde zur wagemutigen Vorreiterin. Sie war immer ganz vorn dabei, wenn es darum ging, neue Möglichkeiten zu erproben, wie sich sowohl geistige als auch körperliche Gesundheit verbessern ließe. Ich selbst gehörte zu einer Gruppe neuerer Schülerinnen und Schüler, die sich am Zen Center Los Angeles ihrer Führung anvertraut hatten.

Sie hatte die Gabe, Menschen zu begeistern und mitzureißen. Einmal nahm sie zum Beispiel an Werner Erhards EST-Training teil*, und Dutzende am Zen-Center taten es ihr gleich. Sie kaufte sich ein kleines Trampolin, und so sah man, wenn man zu ihrem Zimmer hinaufschaute, wie ihr Kopf im Fenster auftauchte und wieder verschwand, während sie sprang. Auch von dieser Übung – dazu gedacht, den »Lymphfluss zu verbessern« – ließen sich einige von uns »anstecken«. Sie begann mit Nordic Walking, wozu sie sich sogar Gewichte anlegte, und kurz darauf sah man auch viele von uns so durch die Straßen laufen. In höherem Alter legte sie sich ein professionelles Pilates-Gerät zu und ließ sich von einem Personalcoach trainieren, da sie dem Zentrum nicht zur Last fallen wollte. Damals war sie achtzig. Als ich sie zu dieser Zeit nach vielen Jahren das erste Mal wiedersah, war ich

* In den 1970er-Jahren ein spirituelles Training, das aus der Human-Potential-Bewegung entstanden war und spirituelle Aspekte einbezog. Später wurde es in Landmark Worldwide umbenannt und auch in Deutschland bekannt (Anm. d. Übers.).

überwältigt: Sie schien den Alterungsprozess umgekehrt zu haben, sie bewegte sich eleganter und sprach mit größerer Klarheit als je zuvor. Noch als über Neunzigjährige hat sie unterrichtet.

Als ich sie kennenlernte, arbeitete sie noch als Verwaltungskraft am Fachbereich Chemie der University of California in San Diego, aber in Wahrheit schien sie das Fachgebiet mit seinen etwas eigensinnigen Professorinnen und Professoren von ihrem Schreibtisch aus zu leiten. Sie erzählte uns, dass die Leute, wenn der Dekan außer Haus war, bei ihr Schlange standen, weil sie mit ihr reden wollten. Und sie fügte an: »Damals habe ich viel darüber gelernt, wie man Menschen therapeutisch helfen kann.« Joko hatte sich von ihrem gewalttätigen Mann getrennt und lebte als alleinerziehende Mutter von vier Kindern. Ihr Ex-Mann, ein psychisch kranker Professor, hätte sie um ein Haar umgebracht; sie verdankte ihr Leben allein der Tatsache, dass ihr Nachbar damals zufällig vorbeigeschaut hatte. Dank dieser Erfahrungen blieb sie glücklicherweise angesichts der Klagen einiger Schülerinnen und Schüler stets unbeeindruckt; die Härten in ihrem eigenen Leben hatten sie gelehrt, was wirklich zählt.

Jokos Interesse am Zen wurde entfacht, als sie ein öffentliches Gespräch zwischen einem Zen-Meister und einem christlichen Geistlichen besuchte. Sie war von der Souveränität und Präsenz des Zen-Lehrers Maezumi Roshi (damals Maezumi Sensei) derart berührt, dass sie seine Schülerin wurde. Damals war sie Ende vierzig.

Eine andere Quelle der Inspiration war ihr eine enge Freundin, die an Krebs erkrankt war. Diese Freundin hatte acht Kinder und meditierte in einer kleinen Kammer, in der auch die Waschmaschine und der Wäschetrockner standen – dem einzigen Ort in ihrer Wohnung, an dem sie etwas Ruhe hatte. Joko war nicht nur von der Hingabe, mit der ihre

Freundin praktizierte, inspiriert, sondern auch von dem Engagement, mit dem diese sich selbst in den letzten Tagen ihres Lebens um die Menschen um sie herum kümmerte. Joko war überzeugt, dass sie deswegen auf die Schmerzmittel verzichtete, weil sie ihre Meditationspraxis aufrechterhalten und vermeiden wollte, dass die Medikamente ihren Geist trübten – und so hielt sie es selbst im Prozess ihres äußerst friedlichen Todes. Joko war bei ihr, als sie den Übergang aus diesem Leben vollzog und »zu einem einzigen Strahlen« wurde. Diese Erfahrung hat Joko zutiefst beeindruckt und geprägt. Als sie anschließend über Stunden am Strand spazieren ging, wurde ihr bewusst, dass sie jegliche Angst vor dem Tod verloren hatte.

Sie wurde Mitglied einer Meditationsgruppe in San Diego, die sich im Laufe der Jahre entwickelte: Andere aus ihrem Bekanntenkreis stießen dazu, darunter einige Wissenschaftler und Studierende ihrer Universität. Joko war eine entschlossene Praktizierende und begann, an Sesshins (strengen Meditationsretreats) unter der Leitung von Yasutani Roshi und Soen Roshi teilzunehmen. Ihre Töchter begleiteten sie zu diesen intensiven Zen-Klausuren, um mit ihrer Mutter zusammen sein zu können, auch wenn es im Schweigen war. Nachdem Maezumi Roshi sein eigenes Zentrum gegründet hatte, fuhr sie jeden Sonntag für einen Dokusan – ein privates Gespräch – zwei Stunden ins nördlich gelegene Los Angeles, um sich anschließend auf den ebenso langen Rückweg zu machen. Als sie in Rente ging, zog sie in das Zen-Center ihres Meisters, um »Vollzeit« zu praktizieren.

Eine nach dem anderen folgten wir ihr nach Norden und gründeten eine sehr lebendige Zen-Gemeinschaft, eine interessante Mischung aus Hippiekommune und Zen-Kloster, einen Ort für junge Leute, die wild auf Erleuchtung waren. Wieder einmal standen die Menschen Schlange, diesmal im

Gang vor Jokos Wohnung, und wollten mit ihr sprechen. Sie wurde ordiniert, bekam bald darauf die Dharma-Übertragung* und wurde zu einer sehr geschätzten und geliebten Lehrerin. Später erzählte sie, Maezumi Roshi habe sie trotz ihres recht unorthodoxen Zugangs zur Praxis zur Lehrerin gemacht, da er gesehen habe, wie sehr sich die Menschen von ihr angezogen fühlten. Jokos unverrückbarer Fokus auf die Praxis war ansteckend, und viele von denen, die mit ihr in San Diego und Los Angeles praktiziert hatten, wurden später selbst Lehrerinnen und Lehrer mit eigenen Zentren.

Sie lebte und lernte bereits sechs Jahre im Zentrum, als bekannt wurde, dass Maezumi Roshi sich hatte Verfehlungen zuschulden kommen lassen. Joko brach die Verbindung zu ihm umgehend ab und zog zurück nach San Diego, wo sie die Ordinary Mind School gründete. Ihr Lehrstil war direkt, voll tiefer Einsichten, bestechend einfach und sachlich, manchmal auch ironisch. Vielleicht zuckte man bei dem einen oder anderen Hinweis innerlich zusammen, doch man wusste, dass sie wieder einmal den Nagel auf den Kopf getroffen und eine lieb gewonnene »Konditionierung«, die einem im Grunde doch nur Leiden bereitete, entlarvt hatte.

Joko war die Erste, von der ich ganz praktische Anweisungen zu dem hörte, was heute als »Achtsamkeitspraxis« in aller Munde ist. Sie sagte Dinge wie: »Wenn ihr Geschirr abspült, dann spült nur ab. Spürt die Wärme des Wassers, spürt, wie sich die Seife anfühlt und der Teller in eurer Hand.« Sie machte aus Zen-Ritualen alltägliche Praktiken. Im vorliegenden Buch adaptiert sie beispielsweise die Zen-Praxis des Kinhin (das langsame Gehen zwischen langen Sitzungen des stillen Sitzens), indem sie einem erschöpften, überarbeiteten

* Mit der Dharma-Übertragung macht ein Zen-Meister einen Schüler zu seinem Nachfolger und erteilt ihm die Befugnis, den Dharma zu unterrichten.

Arzt rät, den Gang immer achtsam entlangzulaufen und dabei zu entdecken, wie erholsam dies für seinen Körper und seinen Geist sein kann.

In einer Sesshin mit Yasutani Roshi öffnete sich Joko das erste Mal gegenüber dem, was sie fortan »wirkliches Leben« nannte. Später erzählte sie, es sei »furchtbar« gewesen. Einer ihrer Freunde berichtete, sie habe ihn von da an auf ihren Spaziergängen, bei denen sie über Zen sprachen, oft intensiv angestarrt, mit dem Finger auf ihn gezeigt und gesagt: »Das ist nicht wirklich.« In einer anderen Sesshin hatte sie Einblick in die Leerheit aller Phänomene. Es machte sie wütend. Sie ging zu ihrem nächsten Dokusan, schrie, alles sei leer, und warf mit einer kleinen Lampe nach dem Roshi. Als guter Zen-Lehrer duckte dieser sich nur, sagte: »Gewöhn dich daran«, und läutete mit seiner Handglocke, was bedeutete, dass ihr Gespräch zu Ende war.

Auch wenn Joko oft als psychologisch orientierte Zen-Lehrerin bezeichnet wird, war sie der Überzeugung, dass Therapie nicht zur letztendlichen Befreiung vom Leiden führe. »Therapie gibt Linderung, Sitzen schenkt Freiheit«, pflegte sie zu sagen. »Wenn wir lange und intensiv genug praktizieren und unsere Konditionierungen entdecken, brauchen wir keine Therapie. Statt wie zuvor selbstbezogen zu sein, werden wir lebensbezogen.«

Allerdings bemerkte sie sehr wohl, wenn Menschen für tiefere Praxis noch nicht bereit waren, und offerierte ihnen einen einfachen, pragmatischen Zugang zu den Themen, an denen sie zu arbeiten hatten. So erzählte ihr eine Schülerin, dass sie begonnen hätte, Jura zu studieren, jetzt aber zweifelte, ob dies nicht ein schwerwiegender Fehler gewesen sei, denn sie habe Sorge, Mann und Kind zu vernachlässigen. Joko hörte ihr lange zu und fragte dann: »Hast du bereits irgendwelche Abschlüsse?« – »Nein«, war die Antwort. – »Warum wartest du dann mit deinen Sorgen nicht, bis du die ersten Zensuren hast?« Dank dieser Frage verflogen Gedankenwirrwarr und tiefe Besorgnis der Frau augenblicklich.

Joko versprach keine erhabenen Glückszustände, sondern pflegte nur trocken zu bemerken: »Das Einzige, was schlimmer ist, als Sesshins zu sitzen, ist, es nicht zu tun.« Sie betonte, dass im Laufe langer Jahre der Praxis eine allmähliche, kontinuierliche Veränderung möglich sei. Gleichzeitig warnte sie vor der Erwartung, man könne irgendwann vollkommene Freiheit finden oder zum Heiligen werden. Und meistens fügte sie hinzu: »Aber wisst ihr, es ist ein riesiger Unterschied, ob man völlig festsitzt oder nur zu fünfzig Prozent. Denn selbst das bedeutet immerhin fünfzigprozentige Freiheit.«

Ihre Neugier war unstillbar, und dank ihres wissenschaftlichen Hintergrunds hatte sie stets Interesse an neuen Ansätzen, um ihren Schülerinnen und Schülern zu helfen. Eine von ihnen erinnert sich, dass Joko »über eine nicht versiegende Quelle an Tricks verfügte und immer etwas hervorzauberte, von dem sie uns riet, es auszuprobieren. Und zugleich bereitete es ihr keinerlei Problem, solche Ratschläge wieder zu verwerfen.«

Einmal gab sie zehn Wochen lang jeden Sonntag mehr oder weniger die gleichen Dharma-Unterweisungen. Manche merkten es, andere nicht. Sie überraschte uns damit, uns bei unseren gemeinsamen Mahlzeiten Wasser und Brot aufzutischen, und genoss unsere Reaktionen, die irgendwann den Weg zu ihr fanden. Ein grundlegender Bestandteil der Sesshins mit ihr war das »In die Augen starren«. Dabei ging es darum, jeden Tag einen anderen Teilnehmer auszuwählen, dem man beim Sitzen eine halbe Stunde lang in die Augen schaute. Dabei sollten wir genau auf das achten, was »jetzt« geschah – auf körperliches Unbehagen, ausweichende Blicke, abwandernde Gedanken und auftauchende Gefühle.

Kam einer ihrer Schüler mit einer Litanei von Klagen zu ihr, fragte sie normalerweise: »Was ist dein Satz?« Der Betreffende musste dann seine geistigen Verstrickungen in einem oder zwei Sätzen zusammenfassen. Das half ihm zu verstehen, welche Geschichte er sich wieder und wieder erzählte. In diesem Buch werden Sie einen von Jokos Lieblingssätzen finden: »Bleib auf der eiskalten Couch.« Sie erklärte, dass man bei dieser Praxis in den Körperwahrnehmungen, Gedanken und Gefühlen ruhen sollte. Bleibt man Stunde um Stunde, Tag für Tag auf dieser kalten Couch, wird sie zu einer Pforte zu Freiheit und Zufriedenheit – und das bei allem, was das Leben uns bringt.

Joko stellte an sich selbst hohe Ansprüche. Sie war eine hervorragende Pianistin, und wir alle erfreuten uns an der Musik, die während der Pausen aus ihren Fenstern hallte. Als sie älter wurde, gab sie das Spielen auf, da ihre Finger nicht mehr das taten, was sie von ihnen erwartete.

Sie hatte eine interessante Art, für ihre Schüler da zu sein. Acht Stunden pro Woche hielt sie telefonische Sprechstunden ab. War besetzt, musste man einfach so lange immer wieder anrufen, bis man das Glück hatte, den Moment zu erwischen, in dem gerade einer aufgelegt und der Nächste noch nicht angerufen hatte. Sie bekam Anrufe aus der ganzen Welt, und das wohlgemerkt zu einer Zeit, in der Ferngespräche minutengenau und teuer abgerechnet wurden.

Auch wenn Joko viel des traditionellen Zen ablegte und ihre schwarze Zen-Robe gegen eine einfache Bluse und einen langen Rock eintauschte, vertraute sie voll und ganz auf das Herz aller Zen-Praxis – die vielen Stunden stillen Sitzens. Sie war davon überzeugt, dass ein fünftägiges Sesshin, bei dem man schweigend dasitzt und alles wahrnimmt, was sowohl im Körper als auch im Geist vonstattengeht, nach und nach innerlich und äußerlich das eigene Gewahrsein für die persönlichen Konditionierungen öffne. Dies wiederum entflechte die Verstrickungen von Gedanken und Emotionen, die im Zentrum des Leidens des »falschen, selbstzentrierten Lebens« der Betreffenden lagen – eines Lebens, das sie gern »Trostpreis-Leben« nannte. Ihr war bewusst, dass dieser Prozess kein einfacher, sondern oft genug ein schmerzhafter war, aber sie betonte, dass letztlich nur dies zu tiefgreifender Veränderung führe.

Ich würde Ihnen raten, sich einige Minuten – oder auch länger – Jokos Vorträge auf Youtube anzuhören, denn dann können Sie, wenn Sie ihre Worte hier im Buch lesen – und immer wieder lesen –, innerlich die Wärme und Direktheit ihres Tons hören. Und um Gottes willen praktizieren Sie, was sie Ihnen empfiehlt und was sie vierzig Jahre ihres Lebens selbst umgesetzt und gelehrt hat: über lange Zeit still und schweigend dasitzen, all dessen gewahr, was in dem passiert, was wir unseren Körper, unsere Gedanken und unsere Gefühle nennen. Wenn Sie das durchhalten, werden Sie, genau wie Joko, bei allem, was das Leben Ihnen bringt, Gelassenheit und einfache Freude finden.

Einleitung

Von Brenda Beck Hess

Meine Mutter wollte immer ein drittes Buch schreiben, hatte jedoch in ihren letzten Lebensjahren dafür einfach nicht mehr die Energie. In den Jahren nach ihrem Tod wuchs in mir die Idee, selbst ein Buch mit Ausschnitten aus ihren Vorträgen zu veröffentlichen, doch jedes Mal, wenn ich in den Kisten mit den Tonaufnahmen aus ihren Kursen stöberte, überwältigte mich das Gefühl, nicht zu wissen, wo ich anfangen sollte, und so ließ ich von der Aufgabe ab. Erst 2013, als während der schlimmsten Waldbrände der amerikanischen Geschichte auch bei uns in Prescott Evakuierungswarnungen ausgesprochen wurden, wurde mir klar, dass ich zumindest beginnen musste, die Aufnahmen zu digitalisieren, damit sie nicht eines Tages irgendeiner Naturkatastrophe zum Opfer fielen. Schon bald nach den Bränden nahm ich – nicht zuletzt in der Hoffnung, ihren Wunsch nach einem weiteren Buch zu erfüllen – mehr oder weniger zufällig ein Tape aus der Sammlung, legte es in das Nakamichi-Tapedeck, das ich extra zu diesem Zweck gekauft hatte, und lauschte den ersten Worten der Dharma-Unterweisung. »Wenn ich je ein weiteres Buch schreiben würde …«, war da zu hören. Volltreffer. Sofort begann ich mit dem Prozess des Digitalisierens und Anhörens der Aufnahmen.

Die erwähnte erste Aufnahme dokumentierte einen Kurs aus dem Jahr 1997, bei dem sie über das gesprochen hatte, was sie »Konditionierung« nannte. Neugierig darauf, wie sie diesen zentralen Punkt ihrer Belehrungen entwickelt hatte, ging ich im Geiste weitere eineinhalb Jahre zurück: Anfang

1996 hätte sie eigentlich zu Besuch nach Prescott kommen sollen, wurde aber durch die erste Grippe ihres Lebens daran gehindert. Sie war ziemlich krank und hatte deshalb offenbar viel Zeit für Praxis und Kontemplation. Als sie anschließend wieder zu unterrichten begann, teilte sie uns mit, sie arbeite gerade an der Klärung eines neuen Aspekts der Praxis, bei dem es um die Konditionierung gehe. In einer Dharma-Unterweisung Mitte 1996 erklärte sie dies näher. Auch wenn sie bei anderen Vorträgen durchaus weitere Aspekte beleuchtete, die an der Konditionierung beteiligt sind, wählte sie hier – sicherlich zur Vereinfachung des komplexen Themas – nur einen aus.* Sie erklärte die Ausbildung der Konditionierung nach der Geburt: Im Mutterleib hat die Welt alle Bedürfnisse des Ungeborenen befriedigt. Nach der Geburt hingegen ist es unmöglich, allen Wünschen des Kindes zu entsprechen. Während er oder sie nicht in der Lage ist, zu begreifen, dass es an den Eltern liegen könnte, von denen man als Tochter oder als Sohn vollkommen abhängig ist, wird im jungen Erdenbürger ein Samen gesetzt: Er glaubt, der Mangel komme daher, dass mit ihm etwas nicht stimmt, und so wird die Basis für die Konditionierung gelegt. Das Kleinkind lernt, Strategien zu entwickeln, um zu bekommen, was es will: Vielleicht schreit es, bittet oder ist trotzig (um nur ein paar Optionen zu nennen). Es gibt viele Strategien, doch alle dienen demselben Ziel: sich in der Welt sicher und geliebt zu fühlen.

* Die buddhistische Yogachara-Schule erklärt detailliert, wie die Wahrnehmungen im Alaya Vijnana (Speicherbewusstsein) »aufbewahrt« werden. Dies wiederum bestimmt unsere Wahrnehmung und kann uns – gemäß der Lehre der Wiedergeburt – auch noch in späteren Leben konditionieren. Die moderne Epigenetik hat nachgewiesen, dass traumatische Erlebnisse, die sich in der eigenen Familie zugetragen haben, uns auch dann noch beeinflussen können, wenn sie mehrere Generationen zurückliegen. Allein diese beiden Beispiele zeigen, wie vielschichtig die in uns wirkenden Konditionierungen sein können (Anm. d. Übers.).

Da das Kind spürt, dass sein Überleben in Gefahr ist, macht es sich eifrig jene Strategien zu eigen, die wirkungsvoll zu sein scheinen.

Die meisten von uns verstärken diese Strategien im Laufe der Jahre immer weiter. Sie gerinnen zu einigen wenigen Kernthemen und werden zu dem, was Joko »die Konditionierung« nannte – und das, obwohl sie bei den meisten von uns mit zunehmendem Alter nicht mehr funktionieren. Die Konditionierung besteht aus stets negativen Selbstbildern, die so schmerzhaft sind, dass wir nahezu alles in unserer Macht Stehende tun, um das jämmerliche Gefühl unserer Wertlosigkeit, das sie beinhalten, nicht spüren zu müssen – das Gefühl, dass wir es nicht wert sind, geliebt zu werden. Diese grundlegenden Strategien sind unsere heftigen und verwirrten Antworten: starre Reaktionen in einer fließenden Welt.

Während sie die Konditionierung als natürlichen und beinahe unvermeidlichen Bestandteil der Entwicklung des Kleinkinds betrachtete, hat Joko ihre Aufmerksamkeit auf den Bereich konzentriert, in dem uns die Praxis helfen kann, etwas an den »Spätfolgen« zu ändern. Es geht um die Frage, wie wir unsere Konditionierung als Erwachsene aufrechterhalten und wie sie unsere Entscheidungen sowie die Art, wie wir uns mit dem aktuellen Leben in Beziehung setzen, beeinflusst.

Wiederholt sprach sie darüber, dass unser Verstand uns durchaus behilflich sein kann, diese Konditionierung zu Bewusstsein zu bringen. Doch so wichtig diese Klärung auch ist, sie stellt doch nicht mehr dar als einen ersten Schritt. Beließen wir es dabei, blieben wir im Bereich der Psychologie.

Genau hier berühren wir einen grundlegenden Aspekt der Praxis, in der wir mit der Konditionierung arbeiten. Sofern wir mehr anstreben als ein rein psychologisches Verständnis, kommen wir nicht umhin, eine Arbeit zu tun, die keinem von uns angenehm ist: Wir müssen zur Ruhe kommen, sitzen und den Schmerz erfahren, ebendas, worin das ausgesprochen schwierige Herzstück der Praxis liegt – das Ankommen im gegenwärtigen Augenblick. Genau das ist Zen-Praxis.

Dazu gehört das Paradox, dass die Schmerzen dadurch, dass wir wirklich in ihnen ruhen, zum Erliegen kommen: Wir erkennen, dass da in Wirklichkeit gar kein Schmerz ist – und niemand, der oder die ihn erlebt. Doch durch willentliche Anstrengung allein werden wir dies nie erleben. Das Paradox der Praxis besteht darin, so gut wir können, in diesem Leiden zu ruhen, was anfangs eine enorme Anstrengung erfordert. Es führt dazu, dass diese Erfahrung sich langsam abnutzt, und so können Momente der Anstrengungslosigkeit aufscheinen – Augenblicke des reinen Schmerzes, der reinen Freude.

Es sind Momente, die wir vielleicht »erleuchtet« nennen könnten, doch meine Mutter hat dieses Wort nur sehr selten benutzt, denn sie war der Überzeugung, dass wir im tiefsten Inneren ohnehin bereits erwacht sind. Wir sehen es nur nicht, da wir sorgfältig ein falsches Konstrukt geschaffen haben, mit dem wir versuchen, dieses »Gefäß«, also diesen Körper, zu schützen.

Für Joko lag der Sinn ihres fortdauernden Studiums und neugierigen Forschens darin, dass sie ihren Schülerinnen und Schülern helfen wollte, das Problem zu sehen und zu lernen, damit zu praktizieren.

Eine ihrer zentralen Lehren war, die Gedanken zu benennen*. Sie glaubte, dass die geduldige und oft müßige Arbeit, uns unserer immer wiederkehrenden Gedankenmuster be-

* Engl.: »label«. Dieses Benennen ist weniger ein intellektueller Prozess des Einordnens und Beurteilens der Gedanken als eine Art, sich ihrer bewusst zu werden, um sie gleich wieder »loszulassen« (Anm. d. Übers.).

wusst zu werden, uns helfen kann, auch die darunterliegende Konditionierung sowie die Grundstrategien, die wir entwickelt haben, zu erkennen. Ist dies einmal geklärt, lernen wir langsam, uns ihrer bereits dann bewusst zu sein, wenn sie erscheinen. Wenn wir beispielsweise aufgebracht sind, so Joko, ist dies ein guter Indikator dafür, dass diese Muster aktiv sind.

Ein zweites wichtiges Element ihrer Lehren war, dass ein großer Anteil unserer fortwährenden Arbeit, unsere Konditionierung freizulegen, darin liegt, in die Spannungen des Körpers hineinzuspüren, da dies hilft, die Wut und den Schmerz in uns zu demaskieren. Dabei hat sie betont, dass wir diese Arbeit, die sich auf unsere direkt erlebbaren körperlichen Empfindungen stützt, Abertausende Male tun müssen. Erst dann werden unsere Gedanken wie Luftblasen, die an die Oberfläche kommen und platzen: Wir verstärken sie nicht mehr durch weitere Gedankenketten und halten nicht länger an ihnen fest. Schließlich zeigen sich gänzlich unverhüllt Augenblicke der Freude, völlig unabhängig davon, was sonst vor sich geht.

Joko erklärt in ihren Unterweisungen auch, dass unsere Konditionierung, unsere Strategien, Gedanken und Körperempfindungen – also die Dinge, die unsere inneren Leiden verursachen und die wir für so greifbar und real halten – nichts anderes sind als Erleuchtung, allerdings nur, wenn wir sie, ganz gleich wie es sich anfühlt, wirklich im Hier und Jetzt erleben. Was sollte ein Erleben im Hier und Jetzt auch sonst sein?

Die Tragik besteht darin, dass wir das nicht erkennen. Entsprechend vermeiden wir es, den gegenwärtigen Augenblick zu erfahren, und das führt zu Leiden. Anstatt eins zu sein mit dem, was sich im Hier und Jetzt zeigt, überdecken wir es mit unseren Strategien. Statt das Mitgefühl, das wir in uns tragen und das wir letztendlich sind, zu manifestieren, verstricken wir uns in ein Leben, in dem sich alles darum dreht, dass wir uns wohlfühlen und sicher sind. Immer und immer wieder hat Joko in ihren Vorträgen dargelegt, wie wir die außerordentlich einfache und zugleich sehr schwierige Arbeit, im Jetzt anzukommen, leisten können.

Uns dürstet nach dem Frieden, den das Verweilen im gegenwärtigen Augenblick mit sich bringt, wie er sich auch zeigen mag. Aber tatsächlich ist das das Schwierigste überhaupt und bedarf großer Anstrengung. Wir alle wollen uns wohlfühlen. Das Paradox liegt darin, dass wir so lange immer wieder mit unserer Konditionierung sein müssen, bis sie schwächer wird, denn dann zeigen sich die Freude und der Frieden des gegenwärtigen Augenblicks, ganz gleich, wie er sich äußert. Das Leben, das wir dann entdecken, schenkt uns Mitgefühl, passende Antworten und ist nützlich.

Meine Mutter hat mit erstaunlich unermüdlicher Ausdauer praktiziert, und ihr Engagement als Lehrerin stand dem in nichts nach: Sie suchte nach immer neuen Wegen, zu klären, wozu Praxis eigentlich dient. Sie hat hierzu ein weites Spektrum an Quellen studiert und sich von Buddhismus, Hinduismus, Christentum und säkularem philosophischen und psychologischen sowie von New-Age-Wissen inspirieren lassen.

Im Verlauf ihres Lebens kam sie insbesondere zu zwei Büchern immer wieder zurück: *La Doctrine suprême* des französischen Psychotherapeuten Hubert Benoit sowie *I am That* des indischen Lehrers der shaivistischen Tradition Sri Nisargadatta Maharaj. Das sage ich Ihnen für den Fall, dass Sie die Werke selbst lesen möchten.

Ich erinnere mich noch gut daran, wie sie mich als Kind mit in die Buchhandlungen nahm; sie durchforstete sie nach interessanten Büchern, die ihr auf ihrer Suche nach der Wahrheit weiterhelfen könnten. In ihren späteren Jahren hielt sie mehr nach solchen Titeln Ausschau, die nützlich sein könnten, um ihren Schülerinnen und Schülern verständlich zu machen, worum es bei der Praxis geht, und ihnen womöglich halfen, besser in die eigene Übung hineinzufinden.

Als sie an ihren beiden Büchern arbeitete, grübelte sie über jeden einzelnen Satz nach, um sicherzustellen, dass er auch genau das vermittelte, was sie sagen wollte. Gleichzeitig lachte sie und sagte, dass es im Zen eigentlich immer nur die eine Belehrung geben sollte.

Ich habe von meiner Mutter nie formellen Unterricht erhalten, aber für mich war und ist sie meine Lehrerin. Es war ein riesiges Geschenk, ihre Aufnahmen zu hören, sie zu transkribieren und beim Editieren zu helfen. Sie bleibt lebendig, und ich bin dankbar, dass ich weiter von ihren Worten lernen kann.

Im letzten Jahr ihres Lebens hat sie weniger differenziert unterrichtet. Zuerst dachte ich, es läge daran, dass ihre Gabe, die Lehren darzulegen, altersbedingt nachließ, doch dann verstand ich, dass sie immer mehr zur Essenz der Lehren vordrang: »Du bist in Ordnung.« Sie klopfte mir auf die Schulter und sagte genau dies.

Ich danke Rachel Neumann für die editorische Bearbeitung der Texte. Sie nahm den Schatz von einem ganzen Jahr an Belehrungen und machte daraus eine kohärente Einheit, wodurch das Gesagte noch hilfreicher geworden ist. Und ich danke Matt Zepelin von Shambhala Publications für das, was ich gern das »Glätten« des Manuskripts nenne.

Und natürlich bin ich meiner Mutter für immer dankbar. Ihre Lehren haben mir das Leben gerettet. Ihre intelligente Art, ihr ganzes Leben ausdauernd zu praktizieren, war vielen von uns Vorbild für unser eigenes Leben der Praxis.

ERSTER TEIL

ERFAHRUNG

Das Einzige, was wir wissen müssen

Es gibt nur eine Sache, die wir wissen müssen. Und die ist sehr einfach.

Als Menschen, die ihr Leben voll und ganz erleben wollen, sollten wir bei jeder einzelnen Erfahrung aufmerksam sein.

Dafür müssen wir nichts anderes tun, als zu beginnen, zu sein, was und wer wir wirklich sind – nicht mehr und nicht weniger. Das braucht Mut, denn es liegt jenseits all unserer bisherigen Vorstellungen davon, wie wir mit dem Leben umgehen sollten, und der Mechanismen, diese Vorstellungen umzusetzen. Das klingt zauberhaft, oder? Auf keinen Fall! Denn um zu sein, wer wir wirklich sind, müssen wir zum Beispiel, wenn wir aufgrund einer bestimmten Angelegenheit aufgebracht sind – uns verletzt fühlen oder ärgerlich sind –, die entsprechenden Gefühle auch zulassen und empfinden. Manche von uns spannen, wenn sie starke Emotionen haben, ihren Körper zu einem schmerzhaften Knoten an. Anderen wird regelrecht übel. Und wer will so etwas schon erleben?

In erster Linie vermeiden wir es, mit unseren Gefühlen auf Tuchfühlung zu sein, weil viele von ihnen – ganz gleich, ob es sich um Verletztheit, Wut oder Ablehnung handelt – schmerzhaft sind. Und ebendem möchten wir zunächst auf keinen Fall begegnen.

Doch wenn wir wirklich empfinden, was und wie wir sind, wie immer es im gegenwärtigen Augenblick aussehen mag, gewinnen wir an Freiheit. Manchmal sagen mir Leute Dinge wie: »Oh ja, ich bin in Kontakt mit dem, was ich bin. Ich weiß, dass mein Körper verspannt ist.« Dass ist keine Erfahrung. Zum einen: Wenn wir sagen: »Ich« weiß, dass »mein Körper« voller Anspannung ist, trennen wir zwischen uns, unserer Wahrnehmung und unserem Körper. Wir gehen davon aus, dass es ein »Ich« gibt, das etwas »anderes« erkennt. Damit trennen wir uns von der direkten Erfahrung der inneren und äußeren Welt ab. Tun wir das, finden wir aber weder Frieden noch Freiheit.

Vielleicht sagen wir Dinge wie: »Mir ist bewusst, dass ich leide. Ich spüre es deutlich.« Wenn wir etwas wirklich erleben, dann spüren wir das Leiden und den Zorn nicht, dann sind wir sie. Und ich rate Ihnen: Seien Sie, wer Sie sind. Manche verwirrt das Wort »erfahren«. Eine Erfahrung ist keine komplizierte Sache. Etwas erfahren bedeutet einfach, für eine Sekunde das zu sein, was man ist, ohne über sich selbst nachzudenken – also Erfahrungen ohne Gedanken. Lassen Sie Ihren Geist für eine oder zwei Sekunden darin ruhen. Spüren Sie, was immer Sie spüren. Das ist alles.

Wenn wir aufgebracht sind, verspannt sich unser Körper ganz automatisch, und dies kann, so werden Sie vielleicht sagen, durchaus interessant sein. Meistens ist diese Erfahrung allerdings nichts Besonderes. Doch wenn wir – sagen wir, für ein, zwei Stunden – sitzen können und dabei wirklich in der Erfahrung ruhen, verändert sich unser Leben ausgesprochen schnell. Gleichzeitig ist die Transformation nicht spektakulär und impliziert nicht, dass keine Gedanken mehr entstünden. Doch die Gedanken sind nun eher wie Luftblasen, die an die Wasseroberfläche steigen und platzen: Wir wissen um sie und lassen sie gleich wieder los. Normalerweise folgen wir hingegen den Gedanken, die uns durch den Kopf gehen. Statt sie einfach aufsteigen und wieder verschwinden zu lassen, wie sie es natürlicherweise tun würden, schaffen wir ein Hirngespinst.

Nichts von alledem können Sie willentlich tun, so funktioniert Loslassen nicht. Das wäre verrückt. Gibt es überhaupt jemanden, der loslassen würde? Sie können sich nicht zwingen, dies zu tun oder sich selbst und andere anzunehmen. Was Sie allerdings sehr wohl tun können, ist, zu erfahren, dass Sie es nicht akzeptieren. Wie lange können Sie sitzen und in dieser Nichtakzeptanz sein? Die meisten schaffen das nur drei oder vier Sekunden lang. Doch je mehr wir im direkten Erleben der Dinge sind, desto weniger wollen wir die Situationen verändern und desto geringer ist unser Wunsch zu urteilen. Und es erübrigt sich zu sagen, dass ein Leben, das sich aus dieser Art der Praxis nährt, mitfühlender, offener und friedvoller ist. Was weder bedeutet, dass man nicht für Dinge kämpft, noch, dass man alles geschehen lässt. Aber man tut, was man tut, nun mit einer ruhigen und achtsamen Einstellung.

Eine solche wirkliche Erfahrung fühlt sich anfangs vielleicht wie ein großer Verlust an – der Verlust dessen, was wir zu sein glauben, dessen, was wir für unsere Identität halten. Das wirkt erst einmal bedrohlich. Auch wenn wir in Wirklichkeit natürlich nichts verlieren, haben wir Angst davor, unser Bild davon aufzugeben, was wir glauben zu sein, zu tun zu haben, besitzen zu müssen, sowie davor, uns von der Idee zu verabschieden, dass wir nicht geliebt werden oder dass das so furchtbar ist. Nichts von alledem gibt es, wenn wir im reinen Erleben sind.

Selbst wenn wir unsere Gedanken nicht mögen und vielleicht sagen: »Viele von ihnen gefallen mir nicht«, sind sie uns wohlbekannt. Und wir leben lieber mit etwas, das wir gewohnt sind, als in unbekannte Gewässer zu tauchen. Das ist der Grund, warum uns Praxis so schwerfällt. Aber sie ist möglich.

Das Geheimnis der Veränderung

Unser wundervolles, fließendes und unglaubliches Leben macht keine Pause. Es vollzieht sich in jeder Sekunde, ganz gleich, ob wir es mögen oder nicht. Das Spektrum an Verhaltensweisen, mit denen wir versuchen, diese umfassende Erfahrung zu verarbeiten und auf sie zu reagieren, ist hingegen sehr festgelegt, eng und begrenzt.

Das Geheimnis liegt darin, das gesamte Leben genau so zu erleben, wie wir es erfahren. Sagen wir, wir schaffen es für ein paar Minuten, unsere Empfindungen wirklich zu erleben, statt wie üblich davor fortzulaufen, darüber nachzudenken, sie zu analysieren, eine Tablette zu schlucken, uns zu betrinken oder was wir sonst tun, um sie nicht spüren zu müssen. Gelingt es uns jedoch, tatsächlich mit dem Schmerz zu sein sowie ihm eine freundliche und neugierige Einstellung entgegenzubringen, beginnen wir uns zu verändern. Wenn wir hingegen über alles im Leben einen Gedanken stülpen, halten wir das Leiden nur weiter fest. Es kann sich nicht bewegen. Es kann nichts tun. Es sitzt einfach nur da und macht uns wahnsinnig.

Können wir unser gedankenbasiertes persönliches Verlangen, die Dinge möchten sich auf bestimmte Art entwickeln, loslassen, beginnt der Schmerz, den wir empfinden, sich in Öffnung zu verwandeln. Und in diesem Moment wird das Gefühl klar und ruhig, lässt Raum für Stille und Staunen. Und zum Schluss bleibt nichts – nur dieses Staunen. Diese Quelle der Ruhe liegt hinter all unseren Schwierigkeiten und schenkt uns wahre Freiheit. Wie auch immer Sie es nennen möchten, es ist da.

Was wollen Sie wirklich?

Was kennzeichnet dieses Leben, und welche Aufgabe haben wir darin? Für die meisten von uns besteht es überwiegend aus sehr gewöhnlichen Tätigkeiten. Muss ich noch einkaufen gehen? Soll ich die oder den anrufen? Was muss ich kochen oder putzen, um wen oder was sollte ich mich kümmern, was ist zu tun? All diese Dinge füllen einen großen Teil des Lebens aus, und das kann wunderbar sein. Doch wenn wir nicht hin und wieder innehalten, uns setzen und genau hinschauen, wird das Leben möglicherweise fade – so als gäbe es zum Mittagessen Sägemehl. In der alltäglichen Betriebsamkeit übersehen wir etwas, und dieses »etwas« gehört zu den Grundpfeilern unserer Praxis.

Um unser Leben wieder schmecken zu können und neugierig zu sein, wie es sich eigentlich anfühlt, müssen wir ihm mehr Raum geben. Selbst wenn es nur ein oder zwei Minuten sind, können sie – vorausgesetzt, wir nehmen uns wirklich Zeit, um innezuhalten, neugierig zu sein und diese Minuten voll und ganz zu erleben – ein kraftvoller Neuanfang sein.

Unser Wunsch als Mensch ist, dass sich die Dinge so entwickeln, wie wir es gern hätten. Wir möchten es weder zu kalt noch zu heiß haben, wollen nicht hungrig sein und uns auch sonst in keiner Weise unwohl fühlen. Es ist nichts falsch daran, zu versuchen, unser Leben befriedigender und angenehmer zu gestalten, doch wenn unser ganzes Trachten darauf zielt, schönere Dinge zu erleben und es komfortabler oder wie auch immer zu haben, sind wir vom Weg abgekommen.

Ein Großteil der Meditationspraxis besteht darin, uns das persönliche Chaos, in dem wir leben, anzuschauen.

Wenn wir so sitzen und uns mit ihm vertraut machen, lernen wir gleichzeitig, uns mit ihm wohlzufühlen. Das führt zwar nicht zu einem konkreten Ergebnis, doch wir beginnen, mehr von der Fülle unseres Lebens, so wie es ist, zu erleben. Wir werden für dieses eher zugänglich, so wie es sich entfaltet.

Ich habe früher in einem christlichen Chor gesungen, auch den *Messias*. Da heißt es in einem Stück: »Sein Joch ist sanft, die Last ist leicht«. Es gibt die Belastungen im Leben, doch wenn wir weiter praktizieren, fühlt es sich nach einer Weile anders an. Das Joch ist leichter zu ertragen, die Lasten werden geringer. Bedeutet das, dass das Sitzen weniger schwerfällt? Ganz und gar nicht. Alle, die meditieren, wissen, dass es jedes Mal anders ist. Einmal genießen wir es, dann verabscheuen wir es. Oder es ist langweilig, wir werden unruhig, wollen nicht hier sein. Aber die Fähigkeit, mit dem Leben, so wie es ist, zu sein – und das ist eigentlich alles, was wir brauchen –, wird größer. Doch das braucht sehr viel Zeit. Die Praxis ist nie zu Ende.

Ein Frieden, der alles Verstehen transzendiert

Die Bibel spricht in *Philipper* 4, 7 von einem Frieden, der allen Verstand übersteigt. Ist es nicht genau das, was wir alle suchen? Meiner Erfahrung nach bedeutet diese Art von Frieden jedoch nicht, permanent glückselig zu sein. Vielmehr begleitet er all unsere alltäglichen Anstrengungen, Schwierigkeiten und Ärgernisse. Wenn unser Gewahrsein zunimmt, ist dieser Frieden stets präsent – selbst dann, wenn wir müde und verwirrt sind, uns ungerecht behandelt fühlen oder von allem die Nase voll haben. Frieden und diese negativen Erfahrungen sind nicht voneinander getrennt.

Was wollen Sie wirklich? Wollen Sie sich einfach nur wohlfühlen? Eventuell ist die Antwort jetzt gerade »ja«. Vielleicht war die letzte Zeit so anstrengend, dass Ihnen nach nichts anderem der Sinn steht als danach, sich zu entspannen und es sich gut gehen zu lassen.

Das ist völlig in Ordnung. Aber zu glauben, dieses Wohlbehagen sei das alleinige Ziel, ist ein Irrtum. Sind Komfort und Vergnügen das Einzige, wonach wir streben, verpassen wir das Leben selbst. Und das passiert so leicht. Wir denken: »Okay, vielleicht ändern wir daran etwas, nächstes Jahr.« Möglicherweise erleben wir das nächste Jahr, vielleicht aber auch nicht. Es kann sein, dass wir nur noch zehn Minuten zu leben haben. Wir wissen es nicht. Manche sterben sehr früh. So oder so bleibt uns nicht unendlich viel Zeit, das Leben ist immer kurz, es geht im Flug vorüber. Sie können es nicht aufs nächste Jahr verschieben, sie müssen es jetzt tun.

Schnee, einfach nur Schnee

Es gibt weder Himmel noch Erde,
nur Schnee, der beständig fällt.
Kajiwara Hashin

Dies ist ein japanisches Haiku und zugleich das einzige, das vom 1864 geborenen Hashin überliefert ist. Sie denken vielleicht: »Ist es nicht bezaubernd, wenn beständig Schnee fällt?« Schauen wir uns das aus einer anderen Perspektive an. Angenommen, ich wäre krank und die Weisheit lautete: »Es gibt weder Himmel noch Erde, nur die Krankheit, die mich pausenlos plagt.« Oder: »Es gibt weder Himmel noch Erde, nur das Alter, das immer näherkommt.« Manchmal kommen Menschen ins Zen-Center und fragen mich, ob ich den Sinn des Lebens verstehe. Natürlich tue ich das: »Es fällt beständig Schnee.« Es gibt nur Krankheit, Trennung, nur Wolken – und das pausenlos. Das Leben ist nicht Elend oder Grauen, sondern schlicht das, was es ist. Es äußert sich sowohl in Form von großem Kummer als auch als riesige Freude, und dann wieder als irgendetwas dazwischen. »Es gibt weder Himmel noch Erde, nur Spiegeleier auf dem Mittagstisch.« Was auch immer gerade ist, genau hier.

Manchmal treffe ich alte Freunde, die sich genau wie ich dem hohen Alter nähern. Manche sehen die Jahre mit zunehmender Verbitterung vorübergehen. Diese Bitterkeit rührt daher, dass wir denken, das Leben hätte anders verlaufen sollen. Jede und jeder von uns könnte das eigene Leben so beschreiben, dass es jämmerlich wirkt. Schauen Sie, es gibt zum Beispiel einen Unterschied zwischen krank oder im Schnee zu sein und Elend.

Ich war letzten Winter mehrere Monate krank. Glauben Sie, mir wäre dabei wohl gewesen? Alles andere als das! Keinen Augenblick habe ich so getan, als würde es mir gefallen. Aber ich habe mich nicht erbärmlich gefühlt. Hätte ich hingegen gedacht, ich müsste gesund sein, wäre dem so gewesen. Warum sollte ich auch nicht erkranken? Wenn ich krank bin, bin ich krank. Natürlich tun wir, was wir können, um gesund zu bleiben, doch wenn das Leben so ist, wie es in diesem Moment nun mal ist, sollten wir mit den Bewertungen, die wir ständig über alles und jedes vornehmen, aufhören. Und kaum ging es mir besser, wandte ich mich mit einem Urteil der Zukunft zu und dachte: »Ich werde nie wieder krank!« Ich gab mich ganz der Illusion hin: »Ich werde dies und das tun, um meine Gesundheit unter Kontrolle zu halten.« Wissen Sie was? Das funktioniert nicht. Früher oder später werde ich wieder krank werden.

Sind wir dann wirklich richtig alt, sieht man uns unsere Bitterkeit an: um den Mund, am Gesichtsausdruck und an unserer Körperhaltung. Solange wir jung sind, können sich die Samen der Verbitterung hinter unseren Hoffnungen verstecken: »Es wird sich jemand um mich kümmern, auch wenn ich diesen wunderbaren Menschen bisher (noch) nicht getroffen habe.« Oder: »Wenn endlich jemand begreift, wie gut ich für meine Wunscharbeitsstelle geeignet bin, werde ich sie schon bekommen.« Oder Sie glauben, die ideale Praxis zu finden, die Sie zur Erleuchtung führt, wenn Sie nur lange genug am Ball bleiben. Doch wenn nichts von alledem Wirklichkeit wird oder funktioniert, reifen Ärger und Enttäuschung in uns. Natürlich können und sollten wir Dinge, die nicht zu uns passen, verändern. Doch wenn wir eine genaue Vorstellung davon haben, wie die Dinge sich für uns entwickeln müssen, führt das, wenn diese Entwicklung nicht eintritt, zu Enttäuschung und Verärgerung, und das legt den Samen für spätere Verbitterung.

Glauben Sie, Ihre Meditationspraxis macht Sie glücklich? Das wird sie nicht tun. Oder glauben Sie, dass sie etwas verändert? In mancher Hinsicht tut sie das wahrscheinlich schon, aber möglicherweise nicht so, wie Sie es sich wünschen. Wird sie Sie vor Krankheit bewahren? Natürlich ist sie über die Jahre, wenn Sie sich dank ihrer nicht mehr so sehr aufreiben, für die Gesundheit förderlich. Aber ich kenne niemanden, der nicht krank oder im Alter gebrechlich würde. Schützt sie Sie davor, schließlich zu sterben? Natürlich nicht, das bleibt niemandem erspart.

Es gibt weder Himmel noch Erde, nur [...], also das, von dem allein Sie wissen, was Sie gerade hier einzutragen haben. Manchmal kommen Leute auf das Wort »Erleuchtung« zu sprechen. Das ist nichts, auf das wir zugehen und dessen wir eines Tages irgendwie habhaft werden. Erleuchtung ist das Ende unserer Hoffnung auf etwas anderes als das, wie sich das Leben für uns gestaltet.

Hoffnung aufgeben

Niemand von uns will die Hoffnungen aufgeben. Hoffnungsvoll zu sein, zu verzweifeln und dann wieder Optimismus zu entwickeln – auch dies ist eine Form des »Schneefalls«.

Kennen Sie den Film *Dead Man Walking*? Er handelt von einer katholischen Nonne, die einen zum Tode verurteilten Mann betreut. Am Ende des Films sagt jemand zu ihr: »Ich wünschte, ich hätte Ihren Glauben.« Sie antwortet: »Es ist nicht Glaube, es ist Arbeit.« Für mich ist das eine sehr tiefsinnige Aussage. Worin besteht diese Arbeit? Der Film zeigt, wie die Frau eine Beziehung zu dem Mann im Todestrakt aufbaut, und so erlebt man mit, wie sie mit ihren eigenen Reaktionen ringt. Es ist nicht einfach, denn er ist unausstehlich. Es gibt weder Himmel noch Erde, nur – im Fall dieses Mannes – andauernde Bosheit und Arroganz. Der Film zeigt ihre innere Arbeit, dank derer sie sich um ihn kümmern kann, so wie er ist. Manche Menschen sind nicht einfach. Wenn wir uns um andere sorgen, dann nehmen wir sie meist nicht so, wie sie sind. Wir verlangen von ihnen, dass sie sich erst einmal verändern – nur ein wenig, Sie wissen schon. Dann könnten wir in Betracht ziehen, etwas für sie zu tun.

Die Nonne muss die Hoffnung, der Mann würde sich verändern, aufgeben. Wenn man etwas erhofft, denkt man. Doch in der Welt der Praxis geht es darum, zu sein. Hoffnung ist nichts als die Vorstellung, dass es eines Tages anders werde.

Der Schnee, der beständig fällt, ist das große Mysterium. Das gilt auch für den Menschen, mit dem wir leben, sowie für eigentlich alles, was wir erfahren. Wenn wir sagen, es gäbe weder Himmel noch Erde, dann meinen wir damit, dass es nichts als den jeweiligen Augenblick gibt, wie immer er sich auch zeigt: mit Schnee, Regen, Krankheit, Freude, Inspiration, Langeweile. Wenn Sie Ihr Leben so erleben möchten, wie es eigentlich ist – und ich glaube, Sie wissen im Grunde, wie es ist –, bleibt Ihnen nichts anderes übrig, als sich an diese Arbeit zu machen. Es ist nicht einfach. In der Zen-Praxis gibt es keine Wunder. Sie verändert Sie nicht so, wie Sie es sich wünschen. Sie gibt Ihnen auch nicht, wovon Sie glauben, Sie hätten es verdient. Doch wenn Sie die Arbeit tun, mit genau dem zu sein, was gerade ist, vollzieht sich – langsam und oft unerwartet – eine Transformation.

Aufs und Abs und der Raum dazwischen

Im Grunde wissen wir, dass für viele Pflanzen winterliche Kälte, Schmucklosigkeit und Rückzug Voraussetzung für späteres Erblühen sind. Auch wenn viele von uns dieses Naturgesetz kennen, begreifen wir nicht, dass es sich mit unserem eigenen Leben ähnlich verhält. Wir erkennen nicht, dass Zeiten der Verwirrung, des Elends und leichter Depressionen für unser Wachstum fruchtbar sind. Stattdessen glauben wir, wenn wir derlei erleben, häufig, mit uns stimme etwas nicht und wir müssten etwas unternehmen oder einnehmen, um rasch aus dieser Talsohle herauszukommen. Sobald wir spüren, dass mit uns etwas nicht stimmt, ist unser unmittelbarer Impuls, zum Arzt zu rennen, um die Sache schnell in den Griff zu bekommen. Dies ist einer der Gründe, warum so viele Antibiotika verschrieben werden: dass sie aufgrund ihrer häufigen Anwendung an Wirkung verlieren. Die abendländische Kultur lehrt uns, es müsse immer, wenn uns etwas nicht gefällt, wenn wir verunsichert sind oder uns etwas falsch erscheint, sofort ein Gegenmittel geben. Ich hatte eine Schülerin aus Nebraska, die fragte, was denn mit ihrer Meditationspraxis nicht stimme – seit etwa zwei Wochen fühle sie sich irgendwie niedergeschlagen und nicht mehr so quirlig und lebendig, wie sie es möge.

Was war an ihrer Praxis falsch? Nichts. Rein gar nichts. Solange man keine echten Depressionen hat, sehe ich kein Problem darin, sich zwei Wochen lang nicht so gut zu fühlen. Bei uns Menschen verändern sich die emotionalen Befindlichkeiten ständig, mal im Lauf einer Woche, mal innerhalb einer Stunde oder sogar von einem Augenblick auf den anderen. Uns geht es vielleicht gerade gut, und plötzlich kommt der Absturz. Unsere Stimmungen schwanken.

Verstandesmäßig wissen wir vielleicht, dass es Licht nicht ohne Dunkelheit gibt und Höhen nicht ohne Tiefen. Doch wenn es um unsere Gedanken und Gefühle geht, wollen wir durchgehend im Licht verweilen. Gelingt es uns nicht, permanent guter Stimmung zu sein, suchen wir den Fehler bei uns oder unserer Meditationspraxis. Doch so verfehlen wir das eigentliche Ziel der Praxis, das nicht darin liegt, dafür zu sorgen, dass die Dinge gut laufen, sondern darin, uns begreifen zu helfen, dass das Leben kontinuierlich im Wandel ist: Leben und Tod, Sommer und Winter, Verwirrung und geistige Klarheit. Ganz gleich, wer wir sind und was wir tun, wir werden diesen Wandel erleben, all diese Höhen und Tiefen. Unser Ziel ist nicht, dass es uns besser geht, denn mit uns ist alles in Ordnung. Wir meditieren nicht, um das Blatt zu einem Besseren zu wenden und »nach oben« zu kommen. Wir glauben, es nur richtig anstellen zu müssen, damit wir auf die Sonnenseite des Lebens gelangen und dort auch bleiben können. Wäre das nicht genau der ideale Ort für uns? Nicht unbedingt.

Wir praktizieren, um stets in Frieden sein zu können, wo auch immer auf der Achterbahn des Lebens wir uns gerade befinden. Dank unserer Übung beginnen wir klarerzusehen, was im jetzigen Augenblick geschieht, ganz gleich, wie es aussieht. Wir können damit voll und ganz präsent sein. In der Theorie mag sich das alles hervorragend anhören, doch wenn wir das nächste Mal abstürzen, werden wir es wieder nicht mögen. Und auch das ist in Ordnung. Wir müssen es nicht mögen.

Was ist Freude?

Und wie sieht die Praxis, sich auf die Schwankungen des Lebens einzustellen, konkret aus? Es gibt Zeiten, da die Tiefpunkte sich häufen und mehr Raum einnehmen. Wir werden vielleicht entlassen, fühlen uns plötzlich körperlich schlecht und wissen nicht, was uns fehlt, unser Partner beziehungsweise unsere Partnerin verlässt uns, oder wir trennen uns von ihm oder ihr. Unsere Kinder ziehen aus oder ein. Mit zunehmendem Alter sind wir vielleicht häufiger niedergeschlagen. Andererseits lernen wir schneller, denn wir beginnen zu verstehen, dass das Leben ein beständiges Auf und Ab darstellt. Wir suchen nach stabilem Wohlbefinden, aber es will sich einfach nicht einstellen. Und genau diese Beschränktheit, die möchte, dass sich die Dinge nicht verändern, sondern im grünen Bereich bleiben, hindert uns daran, freudvoll zu leben. Freude impliziert, so zu sein, wie wir sind, unabhängig davon, wo auf der Auf- und Abwärtskurve wir uns gerade befinden. Irgendwo sind wir immer. Damit will ich nicht sagen, dass wir uns um das, was uns widerfährt – wie etwa die Stelle zu verlieren oder krank zu werden –, nicht kümmern sollten. Wir tun, was zu tun ist, und dies sofort und stetig. Der Gedanke, es müsste uns auch dann, wenn wir unten sind, gut gehen, ist nichts als ein Gedanke, eine Vorstellung. In Wirklichkeit zeigt sich Freude in dem Moment, in dem wir den gegenwärtigen Augenblick in seiner Ganzheit erfahren, wie er ist. Wir müssen nichts dafür tun. Freude ist einfach.

Sie ist jederzeit verfügbar.

Gelingt es uns, einfach zu sein, wie wir sind, finden wir zu einer überraschend leichten Freude. Diese grundlegende Freude haben wir alle. Wenn wir unter Praxis verstehen, mit dem, was ist, in Einklang zu sein, führt die Praxis uns zu dieser Freude, wobei man sie nicht mit Glücklichsein verwechseln darf. In den USA haben wir einen derart hohen Lebensstandard und materiellen Wohlstand, dass wir geneigt sind zu denken, wir hätten ein Recht auf Glück. Und wir haben zahllose Apparate, die uns, wie wir glauben, den Weg dahin schon ebnen werden. Ich habe mir kürzlich zum ersten Mal im Leben eine Spülmaschine zugelegt. Ich war immer der Überzeugung, ich bräuchte so etwas nicht, da ich ja nur für mich selbst koche und es kaum Abwasch gibt, aber jetzt liebe ich diese Maschine. Es ist einfach genial. Gleichzeitig weiß ich, dass es mir auch ohne sie gut gehen würde. Innerhalb vielleicht eines Tages würde ich mich damit ebenso arrangieren.

Glücklichsein ist ein beständiges Hochgefühl. Freude findet man mit dem, was ist. Und genau das ist unser Ziel.

Freude ist alles, was geschieht, abzüglich unserer Meinung darüber. Das bedeutet, dass das Leben und wir selbst zu ein und demselben werden – dem, »was gerade vor sich geht«. Und das ist freudvoll.

Vielleicht wissen Sie das bereits, doch wenn Sie es wirklich verinnerlicht haben, dann spüren Sie es auch. Sie finden in allem, was ist, Freude, und Sie werden nicht mehr von jeder Kleinigkeit, die sich in den Lauf Ihres Lebens stellt, aus der Bahn geworfen.

Wahrnehmen und sein

Wir alle haben mit irgendetwas zu kämpfen: der Arbeit, der Ehe, den Kindern, der Welt um uns. Selbst viele von denen, die erfolgreich zu sein scheinen, schlittern fortwährend von einer Krise zur nächsten. Und auch die wenigen Menschen, die sich nicht so sehr abmühen müssen, spüren häufig eine unerfüllte Sehnsucht oder eine konflikthafte Anspannung, die direkt unter der Oberfläche brodelt. Wir haben vielleicht keine größeren oder offensichtlichen Probleme – doch irgendetwas ist immer. Und selbst ein Mensch, den man eine Weile allein lässt, beginnt innerlich zu ringen.

Woher kommen diese Spannungen? Wenn wir glauben, allein dadurch eine Antwort zu finden, dass wir in einer bestimmten Körperhaltung mit der sitzenden Meditationspraxis beginnen und dabei eine gewisse Kutte tragen, werden wir notgedrungen enttäuscht.

Es ist leicht, sich von den äußeren Formen der Praxis faszinieren und ablenken zu lassen. Viele ihrer Merkmale sind sicher ansprechend, aber das ist nicht das Entscheidende. Es spricht nichts dagegen, eine Zen-Kutte zu tragen, aber das ist nicht das Wichtigste. Singen und Chanten sind ebenfalls feine Dinge, aber auch sie sind nicht das A und O, genauso wenig, wie einen einfachen, schönen Ort zu haben, an dem man meditiert.

Sitzende Meditation übt man nicht, um Antworten zu finden, sondern um Gewahrsein zu entwickeln und zu kultivieren. Gewahrsein ist nichts Kompliziertes, sondern einfach nur gleichbedeutend damit, ein lebendiger Mensch zu sein. Zen-Praxis ist keine exklusive Sache. Wir versuchen nur, so gut wir können, gewahr zu bleiben – gewahr unserer geistigen Vorgänge, gewahr all dessen, was wir in unserem Körper spüren, gewahr dessen, was wir von unserer Umgebung wahrnehmen, wie etwa die Temperatur, die Autos draußen auf der Straße oder was auch immer, und was wir dabei empfinden: Gewahrsein, Gewahrsein und immer wieder Gewahrsein.

Gewahrsein und Benennen

Unseres Geistes gewahr zu werden ist die erste Fähigkeit, die wir mit der sitzenden Praxis ausbilden. Dabei kann es durchaus sein, dass Sie regelrecht schockiert sind, wenn Ihnen erstmals bewusst wird, was sich »da oben im Hirn« so alles abspielt: Urteile, Bitterkeit und eine Menge anderer Dinge. Der erste Schritt zu diesem Gewahrsein der geistigen Aktivität liegt darin, die Gedanken zu benennen.

Anfangs mag uns das lapidar oder langweilig vorkommen. Wer würde das schon gern jeden Tag machen? Wir denken vielleicht: »Ich habe Besseres zu tun.« Oder: »Eigentlich macht es doch Spaß.« Wir sind ziemlich schwankend, merken Sie? Vor zehn Minuten wollte ich nicht sprechen. Jetzt tue ich es doch gern. Wir können uns einfach nicht auf unsere Gedanken verlassen, sie kommen und gehen. Sind sie wichtig? Nein, sie sind es nicht. Doch bis wir sie ein bisschen besser kennenlernen, glauben wir an sie. »Oh, ich bin ein wertloser Mensch. Keiner mag mich.« All das sind nichts als Gedanken, und dennoch glauben wir daran. »Ich mache nichts richtig.« Oder: »Ich bin besser als die anderen. Vielleicht sehen sie es nicht, aber ich weiß es.«

Dieses Benennen der Gedanken gleicht etwa der Arbeit eines Protokollanten bei Gericht, der die Aussagen nur niederschreibt. Ich würde einfach mal behaupten, dass er sich des Inhalts nicht einmal bewusst ist, er notiert das Gesagte ganz automatisch. Er bewertet und analysiert es nicht, er dokumentiert es nur. Wir hingegen nehmen normalerweise alle unsere Gedanken umgehend unter die Lupe. »Warum denke ich das jetzt?« – »Warum kommt mir das in den Sinn?« – »Wie hängt das damit zusammen?« Das ist kein Gewahrsein, denn es verfolgt nur genau das, was abläuft.

Sie müssen Ihre Gedanken nicht während der ganzen Meditation benennen, denn unsere geistigen Muster sind bemerkenswert repetitiv. Versuchen Sie es zwei oder drei Minuten lang.

Schauen Sie anschließend, ob Sie hierbei eine kleine Pause einlegen möchten und ein wenig ins Erleben finden können. Keine Bange – die Dinge, über die wir brüten, kommen sicher gleich wieder. Wir wissen, dass wir nichts verpassen, wenn wir sie loslassen. Sie sind kein Hauptgewinn. Wir können ihnen sehr wohl erklären: »Jetzt ist es erst einmal genug. Lasst uns schauen, was hier sonst noch so passiert.«

Werden Sie sich der ganzen Bandbreite an Sinneswahrnehmungen bewusst, in die Sie eintauchen, wenn Sie nicht denken. Spüren Sie Ihren Körper und lauschen Sie den Geräuschen um Sie herum. Vielleicht können Sie für zehn Sekunden oder auch zehn Minuten eine solche Pause einlegen. Das wäre wirklich lange, und so meldet sich unser obsessives Denken sehr schnell von Neuem. Da wir das Gewahrsein nicht besonders mögen, wird unser Geist, sobald wir dahin zurückkehren, wieder anfangen zu denken.

Und dann beginnen wir erneut, die Gedanken zu benennen. Das klingt zunächst stumpfsinnig – und in gewisser Hinsicht ist es das auch, allerdings nur so lange, wie wir uns nicht für unser Leben interessieren. Sollte es Ihnen tatsächlich unnötig vorkommen, die Gedanken zu benennen, dann sei Ihnen gesagt: Sie interessieren sich nicht dafür, wie Ihr

Leben wirklich ist, sondern nur für die mentale Soße, die Sie sich zusammenbrauen.

Wenn wir es uns zur Gewohnheit machen, auf diese Weise auf innere Vorgänge zu achten, lernen wir uns auf neue Art kennen. Wir werden uns unseres Geistes bewusst. Wir beruhigen uns und beginnen gleichzeitig zu registrieren, welche Unmengen von Dingen uns durch den Kopf gehen. Und sie sind weder gut noch schlecht, es sind einfach Gedanken. Und wenn wir immer genauer hinsehen, beginnen sie, in unserem Leben einen anderen Stellenwert einzunehmen. Im Laufe der Zeit klingen sie gewissermaßen etwas ab. An manchen Tagen haften wir vielleicht noch an manchen Gedanken und ringen innerlich weiterhin mit ihnen, doch wenn wir dies bemerken und im Hinblick auf unsere Gedanken wirklich ehrlich sind, kommt es zu sekundären Reflexionen: »Ich muss ein schrecklicher Mensch sein, wenn ich so etwas denke.« Oft bemerken wir diese Ebene nicht, und deswegen müssen wir in der Praxis einfach alles benennen – alles.

Eine Grundvoraussetzung beim Beobachten unserer Gedanken ist Ehrlichkeit. Der erste wichtige Schritt liegt darin, unseren Geist kennenzulernen und uns der Tendenz, uns von unseren Gedanken gefangen nehmen zu lassen, bewusst zu werden.

Das Leben erleben

Sobald wir uns die Zeit nehmen, dessen gewahr zu werden, was hinter unseren Gedanken liegt, beginnen wir nicht nur unseren Geist zu verstehen, sondern auch unsere Erfahrungen. Dies ist der zweite entscheidende Schritt unserer Übung – und das Einzige, was hilft, wenn wir unser Leben, das sich normalerweise chaotisch von einem Konflikt zum nächsten hangelt, transformieren möchten. Dafür müssen wir uns von dem Strudel der Gedanken, mit dem wir es zu tun haben, lösen und wirklich spüren, was darunterliegt. Wir müssen es sein.

Erleben wir das Leben aus dieser ehrlichen und bisweilen schmerzhaften Erfahrung heraus, geschieht etwas Revolutionäres: Alles, was wir zu sein glaubten, zehrt sich auf, und wir gewinnen allmählich Abstand zu unserer egozentrischen Sicht der Dinge. Angenommen, mein Leben ist ein reines Durcheinander und ich stecke im immer gleichen Gedankenmischmasch fest: »Ich verabscheue es, ich halte es nicht aus. Das ist wirklich unfair.« Und ich gehe im Geiste eine gerade erlebte Situation noch einmal durch: Was die anderen gesagt haben, meine Statements dazu und was jetzt möglicherweise passieren wird, also alle Dinge, die unsere Arbeitsatmosphäre für gewöhnlich prägen. Natürlich lächeln alle freundlich, doch dahinter liegt ein wildes Gemisch von Gedanken und Gefühlen. Situationen, in denen vier oder fünf Personen zusammenkommen, die innerlich nicht an diesen Dingen arbeiten, können einen wirklich umbringen. Nichts ist einfacher, als vom Wirbelwind der eigenen Urteile über sich und andere erfasst zu werden. Oft genug sind wir in unseren Gedanken gefangen und handeln aus unserer aggressiven und verurteilenden Einstellung heraus, was nur zu noch mehr Ärger und Bewertung führt.

Wirklich alles zu erfahren, was wir erleben, kann sehr viel Zeit und Übung erfordern, denn wir werden alles – all unsere bewussten und unbewussten Verteidigungsmechanismen – einsetzen, um es nicht spüren zu müssen. Innere Widerstände gehören zu den Hauptbestandteilen der Praxis: »Ich möchte heute nicht meditieren. Es ist zu schwierig. Ich mache das nächsten Monat. Überhaupt wollte ich eigentlich eine Praxis, mit der ich mich wohlfühle.«

Ich möchte mich auch gut fühlen – aber wirklich gut. Doch erstens sollten wir die Dinge nicht mit Lametta aufpolieren, und zweitens helfen die Widerstände ohnehin nicht, denn früher oder später bekommen wir die Themen unweigerlich zu spüren. Wir lernen also langsam, uns der Erfahrung mit weniger innerer Gegenwehr anzunähern, denn uns bleibt keine Wahl.

Diese Fähigkeit, erleben und erfahren zu können, ist genau das, was ein interessantes Menschenleben ausmacht, eines, in dem wir uns immer mehr und immer neu öffnen. Dann sehen die Bäume anders aus. Die Menschen auch. Wenn Sie das Leiden des Lebens annehmen, zeigen sich auch seine Wunder, denn beides gehört zusammen.

Praxis ist Leben (und Leben ist Praxis)

Das sind die beiden wichtigsten Anteile der Praxis: einerseits das Beobachten unseres Geistes und das Wahrnehmen der Gedanken und andererseits das ungefilterte Erleben dessen, was ihnen zugrunde liegt. Doch diese Aspekte der Übung ergeben nur dann Sinn, wenn wir sie auch wirklich auf unser Leben anwenden. Statt zu sehen, dass die Praxis uns hilft, unsere Illusionen zu durchkreuzen, und somit der Erfahrung des Lebens an sich entspricht, neigen wir dazu, sie als etwas Exotisches zu betrachten.

Wir können aus alledem nur lernen, wenn wir es im Leben anwenden. Es ist entscheidend, dass wir alles zur Übung machen, unseren Umgang mit den Kollegen genauso wie die Art und Weise, wie wir die Menschen behandeln, die uns im alltäglichen Leben begegnen.

In meiner eigenen Praxis kann ich feststellen, dass ich langsam – wirklich ganz langsam – weniger das Bedürfnis habe, andere zu ändern. Ich finde immer mehr, dass sie einfach so, wie sie sind, in Ordnung sind. Und das ist mehr als ein Lippenbekenntnis, ich bin diesbezüglich mit mir im Reinen und halte nicht insgeheim an meiner Überzeugung fest, sie sollten besser so sein, wie ich glaube, dass es gut für sie wäre.

Wissen Sie, was passiert, wenn wir innerlich wirklich denken – und es auch so empfinden –, dass jemand in Ordnung ist? Die Menschen spüren es, wenn man sie nicht bewertet oder analysiert: »Endlich mal jemand, der findet, ich sei so, wie ich bin, in Ordnung.« Das verändert einen Menschen, und letztlich ist es genau das, worauf wir alle warten. Wir brauchen nicht noch mehr weise Worte darüber, wie wir sein sollten. Die meisten von uns brauchen das Gefühl, von anderen angenommen zu sein, und das mit all unseren unschönen Seiten, ganz so, wie wir sind.

Das Leben, wie es ist

Sie müssen die anderen so, wie sie sind, nicht unbedingt mögen oder akzeptieren, denn das würde erneut ein Urteil beinhalten: Wir glauben, dies tun zu müssen, weil es zum guten Ton gehört. Was eigentlich ansteht, ist aber vielmehr, besser gewahr zu werden, wie wir andere erleben. Je weniger wir versuchen, andere oder die Situationen zu kontrollieren, desto mehr kommen wir mit der unmittelbaren Erfahrung unseres eigenen Lebens in Kontakt. Das Leben so zu gestalten, wie wir es gern hätten, ist unmöglich, denn es verändert sich so schnell. Diese Woche läuft unter Umständen alles gut, doch schon in der nächsten kann es wieder in Stücke geschlagen sein. Das, was wir Leben nennen, richtet sich nicht nach unseren Wünschen. Nie und nimmer. Es gibt es noch nicht einmal. Was existiert, sind lediglich sich unglaublich schnell verändernde Energiefelder. Selbst die Hoffnung, es würde irgendwann so laufen, wie wir es gern hätten, ist sinnlos. Wir können nur genießen, was ist.

Leben ist immer nur so, wie es ist. Natürlich kann ich in den verschiedensten Lebensperioden hoffen, dass sich, dank all meiner Praxis, der Lauf der Dinge nach meinen Wünschen richtet. Aber in Wahrheit geschieht einfach, was geschieht.

ZWEITER TEIL

KONDITIONIERUNG

Die eiskalte Couch

Lass mich wenigstens auf
dieser eiskalten Couch ruhen.
Hubert Benoit,
La Doctrine suprême selon la pensée zen

Jetzt, da wir uns immer mehr mit der Praxis vertraut machen, beginnen wir, unseren Geist besser zu verstehen. Erstmals erleben wir, was zuvor von unseren Gedanken verdeckt wurde. Wie fühlt sich diese Erfahrung an? Dieser bislang unbekannte Bereich – und nicht die endlose Analyse unserer Gedanken – wird zu unserem Übungsfeld.

Dass wir uns auf diese Erfahrung ganz ohne Reaktion und Urteil einlassen, ist eine Voraussetzung dafür, sie voller Neugierde erkunden zu können: Worin besteht unsere Konditionierung?

Zuerst ist es also wichtig, dass wir uns kennenlernen, und dies ist eine Aufgabe fürs Leben, denn schließlich müssen wir uns hierzu mit den Selbstbildern und Entscheidungen auseinandersetzen, die wir früh in unserer Kindheit, als wir unsere Identität ausbildeten, entwickelt haben, und sie aufdecken.

Die Geburt unserer Konditionierung

Bevor wir geboren wurden, ging es uns eigentlich ziemlich gut. Bei den meisten von uns verlief im Mutterleib alles nach unseren Wünschen. Es war warm, wir hatten genug zu essen und waren keinen äußeren Bedrohungen ausgesetzt. Doch im Augenblick unserer Geburt ist es mit dieser Erfahrung, in einer behüteten und friedlichen Umgebung genährt zu werden, für immer vorbei.

Damit ist nicht gemeint, unsere Eltern hätten sich nicht ausreichend um uns gekümmert. Doch es gibt keinen Vater und keine Mutter, die die Bedürfnisse des Kindes nach vollkommener Liebe und Sicherheit gänzlich erfüllen können. Natürlich würde der junge Mensch gern alles, wonach ihn verlangt, sofort bekommen, doch dies ist schlicht und ergreifend unmöglich. Schon rein körperlich ist niemand in der Lage, irgendjemandem – nicht einmal einem Baby oder Kleinkind – in dieser Art und Weise zur Verfügung zu stehen. Entsprechend bekommt der neue Erdenbürger bereits sehr früh, also noch bevor er »denken« kann, den Eindruck, das hier draußen sei ein steiniger Weg. Was entsteht, ist eine grundlegende Sehnsucht zurückzukehren – aber hier sind wir nun einmal.

Ein Baby weiß nicht, wie es damit umgehen soll, aber sobald das Kind etwas älter ist, entwickelt es seine eigenen Strategien. Wenn die Dinge nicht so laufen, wie es dies gern hätte – und das ist oft genug der Fall –, begreift es nicht, dass das möglicherweise daran liegt, dass seine erwachsenen Bezugspersonen nicht so perfekt sind, wie es glaubt. Stattdessen verinnerlicht das Kind, dass wohl mit ihm etwas nicht stimmt, denn das scheint ihm die einzig mögliche Erklärung. Und dieses »Mit mir stimmt etwas nicht« gerinnt zu einem negativen Selbstbild – ebendem, was ich als Konditionierung bezeichne.

Es lag nicht an uns, dass man in unserer Kindheit nicht unseren Bedürfnissen entsprochen hat, sondern an den Erwachsenen und der Welt, in der sie leben, doch aus der Sicht der kleinen, sich entwickelnden Wesen entsteht ebendieses negative Selbstbild: »Ich bin wertlos«, oder: »Mir kann überhaupt nichts Gutes widerfahren.« Der Unterton unserer persönlichen Konditionierung ist von den Umständen und Erlebnissen der Kindheit geprägt. Er nimmt bei jeder und jedem eine etwas andere Form an, ist jedoch stets eine Variation desselben Themas: »Mit mir stimmt etwas nicht.«

Bestimmt diese Überzeugung unser ganzes Leben, ist dies quälend und schmerzhaft. Kleine Kinder ertragen es nicht besser als irgendwer sonst. Und da sie schlau sind – und zwar sehr –, finden sie schnell Wege, damit umzugehen. Wenn grenzenlose Liebe nicht einfach da ist, suchen wir nach ihr und finden Mittel, sie zu bekommen. Je nachdem, was man uns anerzogen und beigebracht hat, kann das alle möglichen Ausprägungen annehmen – von »brav sein« bis »ein Höllentheater machen«.

Das Wesen der Konditionierung

Spätestens im Alter von zwei bis drei Jahren haben wir alle, ohne Ausnahme, eine solche Konditionierung ausgebildet – das liegt einfach in der Natur des Menschen. Allerdings entspricht diese Konditionierung nicht der Wirklichkeit und ist immer negativ gefärbt – allein schon deshalb, weil sie Produkt des Egos ist, eines Egos, das sich als von anderen getrennt wahrnimmt. Auch wenn das nicht stimmt, nehmen wir es so wahr und sehen im Außen eine Gefahr. Und dieses Selbst, das sich abspaltet, nimmt das Leben entweder als etwas Angenehmes wahr – auch wenn man nicht darauf zählen kann – oder als etwas Beängstigendes, und dies führt zu andauernder Spannung und Unsicherheit.

Sobald wir als Kinder Bedrohung und Schmerz wahrnehmen, versuchen wir, uns davor zu schützen. Intuitiv suchen wir Wege, mit der schwierigen und womöglich sogar lebensbedrohenden Situation, in der wir uns ganz ohne unser Zutun wiederfinden, umzugehen. Und während wir Möglichkeiten suchen, in dieser Lage, über die wir keine Kontrolle haben, zu reagieren, bilden wir unser negatives Selbstbild aus. Dieses noch junge Ego, das »eigenständige Selbst«, hat Angst oder ist wütend, und aus dieser Situation erwächst die Konditionierung. Oft erleben wir das anfangs als Aufschrei: »Ich kann nicht! Ich will nicht! Hilfe!«

Mit den Jahren verhärtet sich die Konditionierung. Sie gräbt sich immer tiefer in uns ein, und so bedarf es mehr und mehr Praxis, um sie freizulegen. Sobald wir alt genug sind, uns dieser Mechanismen bewusst zu werden, erscheint es mir als durchaus angebracht, die Konditionierung auch als »Grundentscheidung« zu bezeichnen – die Entscheidung, unser Leben weiter auf diese ängstliche Weise zu leben.

Die Nabe des Rades

Wir alle haben eine solche Konditionierung. Vielleicht wissen Sie es noch nicht, da Sie sich darüber bisher keine Gedanken gemacht haben, aber sie ist da. Natürlich ist sie nicht das Einzige, das uns prägt, aber auf die eine oder andere Weise bestimmt sie unser Leben mit. Sollten Sie sich seit Jahren in der Praxis damit auseinandergesetzt haben, ist Ihre Konditionierung möglicherweise bereits schwächer geworden oder hat kaum noch Auswirkungen. Ganz verschwunden ist sie aber nicht, und besonders in Zeiten persönlicher Krisen kann sie wieder an die Oberfläche kommen. Unsere Aufgabe ist es, dieses Selbstbild kennenzulernen und zu erfahren, denn nur so können wir verstehen, auf welche Weise wir uns selbst sabotieren.

Bei den meisten von uns äußert sich die Konditionierung in Selbsteinschätzungen wie: »Ich fühle mich wertlos«, »Ich bin ein hoffnungsloser Fall«, »Ich bin unfähig«, »Ich bin ekelhaft«, oder: »Ich bin es nicht wert, geliebt zu werden.« Es gibt viele Variationen über dieses immer gleiche Grundthema der entfremdeten und schmerzbringenden Erfahrung.

Man kann diese Grundeinstellung mit einer Radnabe vergleichen. Aus ihr kommen die Speichen, also die Muster und Strategien, die wir entwickeln, um den Schmerz, der von der falschen Konditionierung herrührt, nicht spüren zu müssen. Darauf werden wir gleich etwas genauer zurückkommen, aber um es kurz zusammenzufassen: Es ist zu schmerzhaft, als dass wir es ertragen könnten. Niemand hält es aus, zu glauben, er oder sie sei nicht liebenswert. Menschen, die sehr stark von ihrer Konditionierung bestimmt werden und darunter leiden, sich dessen aber nicht bewusst werden, ziehen sich oft mehr und mehr in sich selbst zurück. Sie beginnen, sich und anderen zu schaden. Und hier meine ich nicht nur die extremen Fälle, denn bis zu einem gewissen Grad gilt das für uns alle. Wir ertragen es nicht, uns schlecht zu fühlen, und entwickeln Strategien, die sich von Person zu Person unterscheiden. Sie können die verschiedensten Formen annehmen und sind manchmal aggressiv, manchmal tröstend oder auch ausgesprochen freundlich und charmant. Vielleicht machen wir auf andere einen hervorragenden Eindruck, oder aber einen beschämenden, je nachdem, wie wir innerlich damit umgehen. Bei unserer inneren Arbeit geht es nicht so sehr darum, wie diese Strategien aussehen, sondern darum, zu verstehen, dass es eben Strategien sind, und dann die Speichen zur Nabe zurückzuverfolgen.

Die eigene Konditionierung aufspüren

Vielleicht kennen Sie Ihre Konditionierung nicht. Das geht den meisten von uns so. Eigentlich wollen wir sie auch gar nicht kennenlernen, denn sie ist immer äußerst negativ. Doch sie nicht sehen zu wollen ist reiner Selbstschutz. Sie dagegen kennenzulernen ist nichts, was wir durch Analyse oder geistige Spielereien erreichen.

Viele Menschen leugnen, derartige Probleme zu haben: »Ich fühle mich so wohl in meiner Haut!« Doch wenn man nur richtig nachhakt, beziehungsweise ausreichend meditiert, zeigen sich die Probleme. Und wenn wir sie wirklich sehen, fällt der Groschen und wir wissen, dass es genau das ist. Das ist immer schmerzhaft. Es ist ein Gefühl, als müssten wir uns übergeben. Es ist ein furchtbares Gefühl – und genau um dieses geht es. Wenn Sie so etwas wie einen Schlag in den Bauch spüren, dann wissen Sie, dass Sie es gefunden haben. Und mit diesem großartig widerwärtigen Gefühl stellt sich zugleich erstmals Linderung ein. Jetzt, da sie offen zutage tritt, beginnen Sie, sich von der andauernden Anspannung, diese Konditionierung verstecken zu müssen, zu befreien.

Haben wir uns als kleines Kind bedroht und nicht sicher gefühlt, führte dies jedes Mal zu einem inneren Aufschrei. Selbst wenn es relativ harmlos war, wenn uns beispielsweise im Alter von drei Jahren ein anderes Kind unser Lieblingsspielzeug wegnahm und niemand uns half, es wiederzubekommen. Selbst in solch unschuldigen Situationen kommt es für gewöhnlich zu einem Schmerzensruf wie: »Ich bin wertlos!« Und mit jedem dieser Schmerzmomente verfestigt das Kind das Selbstbild weiter, jeder dieser Schreie stärkt die Konditionierung, fügt dem Gebäude dessen, was wir zu sein glauben, einen weiteren Stein hinzu. Es ist Schmerz, extremer Schmerz, Schmerz, der fast lebensbedrohlich scheint. Jede und jeder von uns wächst mit den eigenen Schreien auf: »Hör mir zu!« – »Lieb mich einfach!« Vielleicht sind es nur zwei oder drei solcher Dinge, vielleicht aber auch die ganze Bagage – was auch immer es bei Ihnen gewesen sein mag und weiterhin ist.

Haben sich diese Aufschreie zu einer Konditionierung verhärtet, müssen wir lernen, mit dem Schmerz, den sie hervorruft, umzugehen. Und er ist einfach zu schwer zu ertragen, als dass man tatenlos zuschauen könnte. Also beginnen wir, unsere Mechanismen und Strategien zu entwickeln, um das Leiden, das dieses Selbstbild erzeugt, nicht, oder zumindest nicht in vollem Ausmaß, spüren zu müssen.

Die meisten von uns verbringen Jahrzehnte, wenn nicht sogar das ganze Leben damit, eine unglaublich erschöpfende Betriebsamkeit an den Tag zu legen, und zwar nur um diesen Schmerz nicht empfinden zu müssen. Die Praxis hingegen bietet uns einen anderen Zugang. Wenn wir täglich sitzen, entwickeln wir – wenn auch sehr langsam und schrittweise – die Fähigkeit, uns wieder dem Einzigen zu widmen, was uns Frieden geben kann: mit der Konditionierung tief in uns Kontakt aufzunehmen. Wir müssen ganz und gar in sie eintauchen und lernen, mit ihr zu sein und sie zu erleben.

Dabei bekommen unsere Freundinnen und Freunde möglicherweise nicht einmal mit, was wir da machen, denn äußerlich bleibt vielleicht alles beim Alten. Unsere Aufgabe besteht darin, zu lernen, im Schmerz zu verweilen. Wie sagte Benoit? »Lass mich wenigstens auf der eiskalten Couch ruhen.« Es gilt, nichts anderes zu tun, als direkt in dem Schmerz zu verweilen – dann brauchen wir auch keinen Panzer mehr. Was sich bereits gezeigt hat, muss man nicht länger verstecken – wir sind mittendrin.

Fangen Sie langsam und behutsam an und machen Sie

nicht gleich zu viel. Und keine Sorge: Es zeigt sich nicht alles auf einmal. Aber Sie müssen schon wollen. Sitzende Meditation schafft in uns die innere Kraft und die Sensibilität, mit uns zu sein. Anfangs gelingt es uns vielleicht nur für zehn Sekunden. Dann steigern wir es nach und nach auf drei Minuten und später auf zehn. Schließlich lernen wir, in Würde inmitten von alledem zu sein. Wir sitzen einfach und lassen Schmerz und Elend so, wie sie sind. Das ist die Würde der Praxis.

Wenn die Unwirklichkeit (also unsere Konditionierung) auf die Realität trifft (also die Erfahrung selbst), verblasst das Trugbild, es löst sich auf. Was sich zeigt, ist unsere Buddha-Natur, unser offenes, mitfühlendes, liebendes Wesen. Wir sehen, was unter der Oberfläche ist oder, um genau zu sein, unter der Konditionierung. Wir sind angekommen.

Sehen, was man tut

Wir lassen niemals vom Entdecken
Und am Ende allen Entdeckens
Langen wir, wo wir losliefen, an
Und kennen den Ort zum ersten Mal.
T. S. Eliot, »Little Gidding«, Vier Quartette

Ihre Konditionierung, dieses tief liegende Bild dessen, was Sie zu sein glauben, bestimmt Ihre Interaktion mit dem Leben. Dies wiederum nenne ich unsere »grundlegende Strategie«; wir bilden sie aus als Antwort auf den Gedanken: »So und so bin ich, also muss ich das und das tun.«

Ich kannte einmal einen Jungen mit einem schwierigen und sehr strengen Vater, der ihn oft anschrie oder bestrafte und manchmal sogar schlug. Der Kleine musste also einen Weg finden, emotional zu überleben. Er versuchte es damit, ebenfalls zu schreien. Statt des gewünschten Effekts erreichte er jedoch nur, dass der Vater ihn nun auch noch körperlich strafte. Dann versuchte er es damit, seinen Vater zu ignorieren, aber auch das war wirkungslos, woraufhin er begann, ihm zuzustimmen. Das half immerhin von Zeit zu Zeit. Schließlich fand er heraus, die beste Überlebensstrategie war, sehr ruhig und gehorsam zu sein, wobei auch dies nicht immer wirkte. Er wurde der süße kleine Junge, der fast unsichtbar blieb, und so ließ man ihn wenigstens manchmal ein wenig in Frieden.

Nach einiger Zeit begann er unbewusst, auch in anderen Lebenssituationen auf diese Weise zu reagieren. Kam es zu Situationen, die er nicht mochte, machte er sich ganz klein und versuchte zu verschwinden. Die Strategie wurde ein

Muster, das automatisch ablief und das er selbst als junger Mann noch in fast allen Lebenslagen benutzte. In manchen Situationen erwies sich das als sehr nützlich, während es in anderen eher untauglich war, aber ganz gleich, es war zu einer Gewohnheit geworden – mehr noch, es war seine Grundstrategie, die ihm keine Wahl mehr ließ. Egal, welcher Schwierigkeit er begegnete, er tat einen Schritt zurück und versuchte, sich unsichtbar zu machen.

Als Erwachsener reagierte er weiterhin auf schwierige Angelegenheiten mit dem immer gleichen Muster. Doch wie wir alle aus eigener Erfahrung wissen: Das Leben ist unvorhersehbar. Es ist ständig im Fluss und bringt alle möglichen Dinge an die Oberfläche, weswegen einfache und rigide Verhaltensweisen nicht sonderlich funktionieren. Sie fühlen sich noch nicht einmal gut an. Dennoch handeln wir in fast jeder Situation, die uns herausfordert, unter dem Diktat der gewohnheitsmäßigen, automatischen Reaktionen, die wir aus der Kindheit übernommen haben. Diese unbewussten Grundstrategien mögen für eine Weile den gewünschten Effekt haben, aber irgendwann ist es damit notgedrungen vorbei.

Sie bestimmen die Art, wie wir unser Leben führen, insbesondere, wenn wir aufgewühlt sind, denn dadurch vermeiden wir es, den Schmerz unserer Konditionierung spüren zu müssen. Solche Vermeidungsstrategien äußern sich bei jedem Menschen anders. Die einen sind vielleicht andauernd beschäftigt, andere reden ununterbrochen, wieder andere sind so zurückhaltend, dass man sie übersieht, dann gibt es jene, die immer nur herumkommandieren, und solche, die nie etwas sagen, das jemanden verletzen könnte. Strategien, Strategien und nichts als Strategien. Sobald wir unsere persönlichen Methoden, auf die Herausforderungen des Lebens zu reagieren, entwickelt haben, spulen wir sie als Automatismen einfach ab – zumindest solange wir sie nicht erforschen. Wenn wir nichts unternehmen, fahren wir damit fort, bis wir fünfundneunzig sind. Verstehen wir hingegen, wie dysfunktional diese Strategien sind, finden wir endlich zur Praxis.

Ein Beispiel: Nehmen wir einmal an, Ihre Konditionierung ist: »Ich kann das nicht.« Diese Einstellung beeinflusst alles, was Sie tun. Je nach Person kann sich das verschieden äußern: »Es ist unmöglich.« – »Ich bin dazu einfach nicht in der Lage.« – »Ich bin wertlos.« – »Ich krieg das nie hin.« Dieses Selbstbild bestimmt die Strategien, also die Wege, wie wir versuchen, mit unserer Konditionierung umzugehen. Vielleicht ziehen wir uns gänzlich in uns zurück, denn wenn wir uns nur gut genug verstecken, wird uns schon niemand finden. Das ist eine Möglichkeit. Ich gehöre eher zu den Leuten, die, wenn sie das Gefühl haben, etwas nicht zu schaffen, alle Hebel in Bewegung setzen, um es doch hinzubekommen. In den Augen der anderen mag das sehr viel besser aussehen, als den Kopf in den Sand zu stecken, aber ich habe da so meine Zweifel. Was auch immer ich anpackte, ich hatte den Anspruch, es gut zu machen, denn das war für mich die einzige Möglichkeit, mit der darunterliegenden Angst umzugehen. Doch auch wenn es auf andere vielleicht einen guten Eindruck machte, war es für mich selbst keine Lösung.

Natürlich gibt es Situationen, in denen es sinnvoll ist, zu versichern, man sei zu etwas nicht in der Lage. Würde mir heute jemand sagen, ich müsse fünfzig Kilometer wandern, wäre meine Antwort sicher auch: »Ich kann das nicht.« Doch das meine ich nicht, denn es ist ein großer Unterschied, ob wir realistisch einschätzen, dass wir zu etwas nicht fähig sind, oder dem von der tiefer liegenden Konditionierung bestimmten Selbstbild glauben, das uns weismacht, wir seien den Dingen nicht gewachsen, ganz gleich, worum es sich handelt. Beides fühlt sich unterschiedlich an, sogar rein körperlich.

Eine der hartnäckigsten Konditionierungen ist: »Ich lasse mir von niemandem vorschreiben, was ich zu tun habe.« Auch wenn sie vielleicht selten so klar formuliert wird, kann diese Einstellung sehr ausgeprägt sein. Doch wenn wir nicht zulassen, dass andere uns zu etwas auffordern, widersetzen wir uns allem im Leben. Ich glaube, ein wenig haben wir sie alle in uns, diese »Ich lasse mir von niemandem etwas sagen«-Einstellung, die sich häufig gegen jedwede Autorität richtet: »Mir ist gleichgültig, was Sie sagen. Vielleicht wirke ich so, als wäre ich dazu bereit, doch Sie können mich nicht dazu zwingen. Auf keinen Fall.«

Sich seiner Grundstrategie bewusst werden

Ein Weg, sich seiner Grundstrategien bewusst zu werden, liegt darin, die eigenen Handlungen einfach zu beobachten. Wie reagieren wir darauf, wenn jemand etwas tut, das uns nicht gefällt? Da wir ausgesprochen unbelehrbar sind, kommt normalerweise sofort eine unserer Strategien zum Einsatz. Die Ihre ist möglicherweise, sehr aktiv zu sein, Sie sind äußerst hilfsbereit und erfolgreich. Viele Erfolgsgeschichten in unserem Land basieren auf der Konditionierung: »Ich bin ein Niemand. Ich bin unfähig. Daher werde ich alles tun, um zu beweisen, dass ich etwas kann.« Dies kann zu einem sehr erfolgreichen, aber leider trostlosen Leben führen. Oder Ihre Strategie ist passiver: Sie ziehen sich zurück, verstecken sich, eventuell hinter einem Schleier aus Entschuldigungen – oder flüchten sich sogar in Drogen.

Die beste Weise, sich der eigenen Handlungen und Strategien bewusst zu werden, ist, sich eine Situation, in der wir bekommen haben, was wir wollten, und dennoch weiter unzufrieden sind, genauer anzuschauen. Unsere grundlegenden Strategien führen nie zu innerer Erfüllung, sondern sind stets beengend. Selbst wenn wir nicht unmittelbar unglücklich sind, bleibt doch ein Unbehagen, eine gewisse Unzufriedenheit. Sobald wir eine leise Ahnung davon bekommen, dass wir, ganz gleich, wie viel und was wir anhäufen, und egal, welche Strategie wir nutzen, nie Zufriedenheit finden, werden wir auf die Praxis neugierig. Und dies ist eine Voraussetzung dafür, uns auch wirklich an die Arbeit zu machen und nicht einfach schnell zur nächsten Methode zu wechseln und im Prinzip alles beim Alten zu lassen.

Indem wir genau hinsehen und aufmerksam sind, lernen wir nach und nach all unsere Strategien kennen. Wir stellen fest, dass sie ausschließlich Variationen ein und derselben Grundstrategie sind. Und werden wir uns ihrer bewusst, schwächen sie sich ab. Wenn wir beispielsweise etwas zwanghaft reden, kommt uns jetzt unter Umständen inmitten eines dieser Monologe der Gedanke: »Oh, ich rede ja schon wieder ununterbrochen.« Sind wir achtsam genug, gelingt uns die Rückkehr in den gegenwärtigen Augenblick, der natürlich auch unser Leiden umfasst, zumindest im Normalfall. Manche Menschen spüren diesen Schmerz nur als eine gewisse Dumpfheit, nichtsdestotrotz ist er aber vorhanden.

Es hilft nicht, sich für die eigene Grundstrategie zu verurteilen. Stattdessen schauen wir, sobald wir sie entdecken, genau hin: Wie fühlt sie sich an? Versuchen Sie, genau zu spüren, welche Erfahrung hinter der Strategie steckt. Zu üben bedeutet, diese Erfahrung zu erleben und kennenzulernen, und nicht, sie zu beurteilen, zu kritisieren, zu analysieren oder zu rechtfertigen.

Manchmal lassen wir los und erleben direkt und unmittelbar das Gefühl, das der Strategie zugrunde liegt, schweifen dann aber wieder ab. Das ist mir gerade letzthin um zwei Uhr morgens passiert. Wahrscheinlich kennen Sie das auch. Ich war direkt an dem Abgrund, den das Gewahrsein aufzeigt, und wollte ihm ausweichen. Wie wir alle habe ich mich zunächst geweigert, das Unangenehme zu spüren, und es hat eine ganze Weile gedauert, bis ich schließlich doch bereit war, in die Erfahrung einzutauchen. Selbst nach fast dreißig Jahren Praxis ist es bisweilen nicht einfach. Sobald man schließlich erkennt, dass man ohnehin keine Wahl hat, streckt man allerdings die Waffen und lässt los. Doch was ist es genau, dem man sich überlässt?

Sie können es als »Gott« bezeichnen oder als was auch immer, aber eigentlich ist es einfach der gegenwärtige Augenblick. Wir sträuben uns dagegen, in das Hier und Jetzt einzutreten, denn dafür müssen wir auf unser Ego verzichten, unsere Lieblingsversion von uns. Unser Selbst geben wir in dem Moment auf, da wir uns auf unsere Schmerzen wirklich einlassen – ganz ohne innere Kommentare wie etwa: »Ich erfahre das Leid«, also ohne Urteil oder Analyse, streng genommen sogar ohne ein »Ich«. Manchmal sprechen Zen-Lehrer davon, dass man auf dem Meditationskissen »stirbt«. Was stirbt, ist unsere persönliche Version des Lebens: Wir lassen einfach sein. Das ist schwer. Aber nicht unmöglich.

In dem Moment, da wir loslassen, geschieht das Wunder. Und in dem Moment fragen wir uns möglicherweise: »Warum habe ich das nicht gleich gemacht?« Unser gesamtes Leben basiert darauf, dass wir unsere Strategien aufrechterhalten – und das, obwohl unsere Grundstrategie noch nie wirklich funktioniert hat und niemals den gewünschten Effekt haben wird. Eigentlich wissen wir das. Doch wenn wir nicht praktizieren, entwickeln wir in jeder Krise eine weitere Version der vorhandenen Strategien, eine neue Entschuldigung, eine neue Interpretation, einen neuen Versuch, die Situation unter Kontrolle zu bekommen.

Praxis bedeutet zu sehen, was ist, und zwar ganz ohne unsere Grundstrategie. Deswegen ist es auch in Ordnung, dabei auf Altäre und Meditationskissen zu verzichten. Ich persönlich halte ein wenig Förmlichkeit für gut, denn sie drückt unsere Wertschätzung aus, schließlich gehen wir ja auch nicht in Shorts auf einen Ball. Aber hinsichtlich unserer Übung ist sie nicht das Entscheidende, denn die besteht darin, immer und immer wieder zu Gewahrsein, Erfahrung und Ergründen zurückzukehren. Allerdings können wir uns dabei nicht auf einen Moment des Gewahrseins stützen, den wir vor drei Monaten hatten. Wir müssen es jetzt erleben. Dann bekommt alles annähernd Leichtigkeit. Wir begegnen jedem einzelnen Augenblick genau in dem Moment, da er geschieht – so als sei es das erste Mal.

Unsere wichtigste Aufgabe

Alle Methoden, Praktiken und Überlieferungen – so nützlich, ja mitunter äußerst hilfreich sie für sich genommen sein können – dienen nur dazu, unsere Konditionierung und die daraus resultierenden gefühlsgeleiteten Grundstrategien zu transformieren. Die zentrale Aufgabe, die uns ein Leben lang begleitet, besteht darin, langsam von einer selbstzentrierten zu einer lebensorientierten Sicht der Dinge überzugehen. Damit meine ich nicht, die Selbstbezogenheit durch die Sorge um andere zu ersetzen, denn das wäre lediglich eine weitere Strategie.

Einem kleinen Kind kann die Konditionierung die geistige Gesundheit oder sogar das Leben retten. Sie hat uns gute Dienste geleistet. Allerdings bleibt sie weit länger in uns, als sie nützlich ist. Wir klammern uns an ihr fest. Nichts Besseres kennend, glauben wir, sie würde uns retten. Wenn wir zum Beispiel das Selbstbild haben, wir seien nicht gut, halten wir daran fest und merken es nicht einmal, denn es wird schnell von dem Gedanken überlagert, dass wir alles perfekt machen wollen, damit die anderen uns großartig finden. Konditionierung und Grundstrategie stärken sich gegenseitig. Wir alle sind in diese raffinierten Manöver verstrickt und versuchen, unsere Konditionierung zu retten. Da wir nichts anderes kennen, erscheint sie uns äußerst kostbar. Außerdem ist der Ansatz, sich aus dieser engen und starren Lebensweise zu lösen, erst einmal beängstigend. Doch im Erwachsenenalter ist die Konditionierung nicht mehr angemessen, vielmehr schadet sie uns. Egozentriert zu sein ist nicht nur für uns selbst Gift, sondern auch für jene, die das Glück oder Pech haben, uns zu begegnen. Der Wandel von einer selbstzentrierten, vergiftenden Sichtweise hin zu einer lebensbezogenen vollzieht sich in fast mikroskopischen Schritten – und das ein Leben lang –, vorausgesetzt, wir halten nicht mehr so stark an unserer egozentrischen Wahrnehmung fest. Es liegt in der Natur dieser Selbstbezogenheit, dass sie uns daran hindert, uns dieser Aufgabe auf welche Art auch immer zu widmen. Alles, was wir wollen, ist, einen Weg aus dem Leiden zu finden. Das ist vollkommen in Ordnung. Selbst wenn wir nichts anderes täten, als der Gedanken gewahr werden und zu versuchen, zur Erfahrung des Augenblicks zurückzukehren, hätten wir bereits eine stabile Meditationspraxis. Die Praxis – ganz egal, welche – aufrechtzuerhalten ist schwierig, denn aus Angst, den Schmerz unserer Konditionierung wirklich spüren zu müssen, versuchen wir, ihn zu verstecken, und reden uns ein, Meditieren sei langweilig.

Wahres Selbst: Nicht-Selbst!

Wir alle kennen zwei Arten der Wahrnehmung: jene, die vom Selbst unserer Konditionierung geprägt ist, und jene unseres wahren Selbst. Ersteres sagt: »Das Leben hat mir so übel mitgespielt, dass ich all diese falschen Annahmen über mich brauche.« In dieser Einstellung bündeln sich Feindseligkeit, Ärger und alle möglichen anderen Emotionen.

Manchmal speist sich unser Verhalten aus einem raffinierteren Teil des Systems der Konditionierung und bringt Aussagen hervor wie: »Du kannst mich nicht dazu bringen«, »Ich kann das sowieso nicht«, oder: »Ich bin hilflos.« Unsere Aufgabe ist nicht einfach, zumindest nicht, wenn man weiß, worin das Üben wirklich besteht. Ist hier jemand, der oder die glaubt, es sei leicht? Natürlich möchte ich nicht den Eindruck erwecken, es sei wie der Weltuntergang. Ganz im Gegenteil, die Katastrophe kommt, wenn man nicht übt. Das ist ja das Traurige. Mit jahrelangem Praktizieren lässt das Unheil jedoch immer weiter nach.

Wenn ich hier von dem von der Konditionierung geprägten Selbst einerseits und dem wahren Selbst andererseits spreche, meine ich nicht, dass wir unser altes Selbst in ein neues verwandeln müssen, denn letztendlich ist alles dasselbe Selbst. Doch wenn unsere Konditionierung langsam nachlässt, beginnen wir sowohl das Leben als auch uns selbst anders wahrzunehmen. Es ist, als hätte uns die Konditionierung Scheuklappen verpasst und wir würden nur einen kleinen Ausschnitt unseres Lebens sehen, den wir für die Realität halten und an den wir uns klammern. Im Prozess der Veränderung erkennen wir, dass diese Wirklichkeit nicht so real und solide ist, wie wir denken. Wir sehen, dass unsere persönliche kleine Welt nur ein verschwindend geringer Teil eines viel größeren Ganzen ist. Unsere Konditionierung und unsere Emotionen haben uns vorgegaukelt, ein winziger Ausschnitt des Bildes sei die Gesamtheit. Mit der Praxis öffnet sich unsere Welt für die wunderbare Erfahrung, dass das, was wir zuvor für unser Selbst hielten, nur einen sehr kleinen Teil dessen wahrnimmt, was eigentlich ist.

Der buddhistische Ausdruck für das, was das ganze Bild erfährt, ist gewöhnlich »Nicht-Selbst«, womit nicht gemeint ist, dass sich unser normales Selbst in Luft auflöst, sondern nur, dass wir uns in jedem Augenblick ausschließlich dem widmen, was erscheint – dem endlosen Strom des Lebens, der sich Sekunde für Sekunde zeigt. Das Nicht-Selbst ist weder herrlich noch grauenhaft. Wir sind im gegenwärtigen Moment wirklich gewahr und präsent. »Raum und Zeit« ist eine Illusion des Menschen, aber das Leben ereignet sich einfach.

Das wahre Selbst, beziehungsweise das Nicht-Selbst, ist unfähig zu urteilen, unfähig, die Dinge in gut und schlecht zu unterteilen. Es ist jenseits von Raum und Zeit. Und wenn es keine Dauer gibt, gibt es auch keine »Einheit«, keinen »Teil«, der urteilt. Man könnte also sagen, das Nicht-Selbst ist ständiger Wandel.

Viele Menschen bringt die Suche nach dem »wahren Selbst« zum Zen. Doch man kann es nicht suchen, denn es ist »nichts«, und etwas, das nicht existiert, kann man auch nicht finden. Wir können aber sehr wohl mit dem bedingten Selbst arbeiten, demjenigen, das durch die trübe Linse der Konditionierung blickt und somit die Welt nie so sieht, wie sie ist.

Es ist nicht nötig, die Konditionierung loszuwerden – und unter Umständen auch gar nicht möglich –, aber wir müssen sie durchschauen. So wird die schwere, dichte und solide Wirklichkeit allmählich transparenter, und nach und nach verstehen wir, dass schlicht und ergreifend überhaupt nichts ist. Niemand von uns schafft das hundertprozentig. Ein großer Zen-Meister hat einmal gesagt, dass wir diesen Glauben an unser Selbst stets ein klein wenig aufrechterhalten, da es das ist, was uns mit dem Menschsein verbindet.

Wer will es schon wirklich spüren, wenn er oder sie erniedrigt, verletzt und ausgenutzt wird oder was auch immer es sein mag, das unser Innerstes durchrüttelt? Ich nicht. Aber ich kann es. Es gelingt mir nicht immer binnen zwei Sekunden, manchmal dauert es eine Weile. Auch Sie können es und müssen es sogar tun, nicht weil eine Lehrerin wie ich es Ihnen rät, sondern weil Sie es Ihrem wahren Selbst schuldig sind.

Der Geist ist kein Waisenkind

Es ist wichtig, sich erst einmal vor Augen zu führen, worum es bei unserem Üben wirklich geht, und dafür ist unser Bewusstsein ein hervorragendes Werkzeug. Der Geist ist kein Waisenkind. Bedienen wir uns seiner auf die richtige Art, ist er eine große Hilfe. Auch wenn wir vielleicht nicht in jeder Situation in der Lage sind, die Praxis zu vollziehen, sind wir uns dessen immerhin bewusst. Wenn wir auf die eine oder andere Weise am Ball bleiben, stellt sich früher oder später ein Verständnis ein und es kommt zu Momenten des Loslassens unserer Konditionierung – Momenten, in denen wir unser wahres Selbst oder, besser gesagt, Nicht-Selbst berühren. Vielleicht nicht in seiner ganzen Tragweite, aber wir bekommen eine Ahnung davon. Möglicherweise sind wir zum ersten Mal in unserem Leben etwas zufrieden. Es ist kein Mysterium, nichts Beängstigendes, auf das wir keinen Einfluss hätten. Unser Leben ist nicht länger reine Konfusion.

Einem weniger verwirrten Zustand nahezukommen – und sei es auch nur kurz – ist schon deswegen ein wichtiger Schritt, weil die Konditionierungen keine Kleinigkeit sind. Sie zerstören unser Leben. Damit meine ich nicht nur die Zen-Praxis, was immer das sein mag. Sie zerreißen uns auch sonst. Wenn wir uns beispielsweise immer wieder sagen: »Ich kriege das nie richtig hin«, ist das quasi eine sich selbst erfüllende Prophezeiung, sorgen wir damit doch erst dafür, dass wir es nicht schaffen. Regelrecht instinktiv wissen wir, wie wir es anstellen müssen, unserer Konditionierung zu entsprechen und die Sache in den Sand zu setzen. Im Grunde genommen ist uns dieses Selbstbild vertraut, denn es begleitet uns schon unser gesamtes Leben. Es prägt, wer wir zu sein glauben, und solange wir keine Alternative kennenlernen, werden wir von ihm nicht ablassen wollen. Und genau das ist der Grund, warum uns das Üben immer wieder so schwerfällt.

Doch durch unsere kontinuierliche Praxis lernen wir, uns unseres Gewahrseins zu bedienen, um nach und nach das Leben in vollen Zügen so zu erleben und zu erkennen, wie es ist. Es braucht nicht mehr anders zu sein, als es ist. Mit aufrichtiger Praxis wächst diese Fähigkeit immer weiter, und das kommt sogar unseren egoistischen Motiven entgegen: Wir wünschen uns ein freudvolles Leben, und die Praxis verhilft uns dazu. Mit zunehmender Übung stehen wir uns selbst und anderen weniger im Wege. Unser Leben wird kooperativer, kreativer und liebevoller.

»Es tut mir leid«

Woran erkennen wir, dass wir richtig praktizieren? Meines Erachtens ist es ein Hinweis auf wirkungsvolle Praxis, dass es uns wirklich leidtun – wirklich aufrichtig leidtun – kann, wenn wir jemanden verletzt haben. Und nicht nur jemand anderen, sondern auch uns selbst, wobei wir das meist nicht so genau merken. Unserem egozentrischen Selbst tut nichts leid, zumindest nicht wirklich. Stattdessen flüchtet es sich in einen Zustand, in dem es sich weder bedroht fühlt noch Schmerzen erleidet. Daher ist es tatsächlich schwer, mit unserer Praxis weiterzumachen und zu erkennen, wie wenig es uns danach ist, aufrichtig »Es tut mir leid« zu sagen.

Niemand wird Ihnen für Ihr Üben danken. Keiner heftet Ihnen eine Medaille an oder überreicht Ihnen einen Ehrenpokal. Niemand sagt: »Sie haben Ihren inneren Schmerz gestern dreimal berührt. Herzlichen Glückwunsch. Dafür sollten Sie eine Auszeichnung bekommen. Oder zumindest umarmt werden.« Der Großteil der Arbeit, die wir tun, findet im Stillen statt. Sie tun sie für sich selbst. Und solange wir nicht wenigstens ansatzweise sehen, dass wir sie tun müssen – allein schon, um andere nicht zu verletzen –, werden wir nicht sonderlich konsequent üben.

Wir alle verletzen immer wieder unsere Partner, Kinder und Bekannten. Daher ist die zunehmende Fähigkeit, um Entschuldigung zu bitten, ein Hinweis darauf, dass wir sanfter werden und unsere Konditionierung nachlässt. »Es tut mir leid. Ich gebe es nur ungern zu, aber es tut mir leid.«

Weitermachen, ohne zu denken

Die Reise hin zu einer lebensbezogenen Perspektive vollzieht sich ohne Ihr Nachdenken, denn Nachdenken ist hier nicht hilfreich, ein Gewahrsein Ihrer Konditionierung bei der Praxis allerdings sehr wohl. Immer dann, wenn Sie aufgebracht sind, können Sie sicher sein, dass die innere Prägung präsent ist. Und während wir geduldig und ausdauernd mit unserer sitzenden Praxis weitermachen, kann sie sich auch leichter von selbst zeigen.

Je mehr Sie üben, desto müheloser werden Sie es erkennen, wenn Ihre Konditionierung sich zeigt. Sie verteidigt sich, aber sie verliert an Kraft. »Ich kann es nicht. Ich schaffe es nicht. Ich bin dazu nicht fähig. Ich werde stets weiter scheitern.« Fällt Ihnen auf, wie blind das ist? Keines dieser Selbstbilder entspricht im Geringsten der Wahrheit. Ganz im Gegenteil: In Wirklichkeit sind Sie ausgesprochen positiv, wohlwollend und freundlich und achten genau darauf, wie Sie in der Welt leben, da Sie nicht mehr Schaden anrichten möchten als nötig. Uns allen unterlaufen ständig Ausrutscher und Fehler. Das gehört zum Leben. Es geht nicht darum, perfekt zu werden, wir sind Menschen, und uns werden keine Flügel wachsen, zumindest nehme ich das an.

Je mehr wir üben, desto deutlicher wird uns bewusst, wann wir unter dem Diktat der Konditionierung stehen, und desto schneller verflüchtigt sich ihr Einfluss auch wieder. Sie ist nicht mehr das, was sie war, als sie uns gänzlich im Griff hatte. Ihre Besuche werden kürzer. Und wenn sie kommt, merken wir es. Im Laufe der Zeit entwickeln wir sogar Humor. Mein Selbstbild ist: »Ich kann es nicht.« Dass ich nicht lache! Ich kann so einiges. Und da ich weiß, dass es ein schlechter Scherz ist, begrüße ich es mit: »Bist du mal wieder da? Okay, grüß dich«, und mache weiter mit dem, was ich zu tun habe. Wir dürfen all das einfach nicht zu ernst nehmen. Nicht unsere Konditionierung ist das Problem, sondern unser Glaube an das, was sie uns weismachen will. Und die einzige Möglichkeit, sie zu durchbrechen, ist es, den Schmerz, der unter ihr liegt, zu erforschen und mit ihm zu sein. Das ist unsere Hauptaufgabe, und wir bewältigen sie nicht, indem wir versuchen, uns mithilfe von Gedanken unseren Weg durch ihren Dschungel zu bahnen. Das funktioniert einfach nicht. Deswegen ist Sitzen so wichtig. Es erlaubt uns, mit all dem zu sein, was die Konditionierung mit aller Macht verdecken will, um uns daran zu hindern, es zu empfinden.

Das Wesen des Selbst

Es gibt eine Wirklichkeit jenseits
von Himmel und Erde;
sie hat keine Form, geschweige
denn einen Namen.
Zen-Meister Daio Kokushi

Es gibt eine Wirklichkeit, die weder Form noch einen Namen hat. So schön und so wahr. Wir sind nichts als der sich von Sekunde zu Sekunde neu manifestierende Ausdruck von ihr. Das ist es, was wir sind, auch wenn wir diese uns eigene Natur nicht sehen.

Die meisten von uns wünschen sich, die Realität unmittelbar zu verstehen, ganz gleich, ob sie sich dazu der Religion oder der Rationalität bedienen. Wir suchen nach einem Modell, das wir nachvollziehen können und das die Wirklichkeit schlüssig erklärt. Doch so, wie man eine kleine Schraube nicht in ein zu großes Loch schrauben kann, ist dies von vorneherein zum Scheitern verurteilt. Wie oben beschrieben haben wir seit frühester Kindheit ein Bild der Realität und unserer selbst entwickelt. Dieses Bild basiert auf der Gesamtheit unserer Erfahrungen – den guten, den schlechten, den neutralen. Das Ergebnis dieser Prägungen nennen wir vielleicht unsere »individuelle Persönlichkeit«, unser »individuelles Selbst« oder einfach »Ich«. Wir ähneln einander, manchmal mehr und manchmal weniger, und dennoch sind wir alle verschieden.

Habe ich meine Konditionierung erst einmal gefestigt und ein Selbst – oder eher »Pseudo-Selbst« – darum errichtet, kann ich agieren, als würde ich mich selbst und meine

Umwelt verstehen: Ich bin Joko mit all meinen kleinen Eigenheiten. Daran ist an sich nichts Schlechtes. In unserem Alltag ist dieses »konventionelle« Selbst sogar oft sehr nützlich. Doch wenn ich glaube, es sei mein wirkliches Wesen, kommt es unvermeidlich zu einem Bruch. Ich spalte mich selbst in zwei Teile, von denen der eine kontinuierlich beobachtet und kontrolliert, was ich tue, wie ich mich verhalte und was ich denke. Noch dazu trenne ich mich vom Rest der Welt ab, um sie besser im Auge behalten zu können. Man kann nicht allen vertrauen, wissen Sie … Wir lernen es, gegenüber allem »da draußen« etwas skeptisch zu sein.

Dr. Thomas Hora, Begründer der *Metapsychiatry*, die Elemente aus Metaphysik, Spiritualität und Psychologie kombiniert, hat einmal gesagt: »Alle Probleme sind psychologischer und alle Lösungen spiritueller Natur.« Aufgrund unseres festen Glaubens an das Vorhandensein eines »Selbst« suchen wir die Ursache unseres Unglücklichseins oft in uns. Das ist nicht ganz falsch. Die Auswirkungen der Traumata, die wir als Kind erlebt haben, sind enorm. Und es ist sicher sinnvoll, alles nur Mögliche zu tun, um sie zu verarbeiten und zu heilen. Aber allein ein Verständnis dessen, was uns in der Vergangenheit widerfahren ist, setzt noch nicht unbedingt eine Veränderung in Gang.

Drei Listen

Wenn wir unser Leben wirklich transformieren möchten – und damit unsere Fähigkeit, es zu verstehen und zu erleben –, sollten wir uns auf allen Ebenen kennenlernen. Um sich eine Vorstellung davon zu machen, wie sich Ihr Selbst in psychologischer Hinsicht ausgebildet hat, schlage ich Ihnen vor, drei Listen zu erstellen.

Die erste beginnt mit dem Satz: »Als kleines Kind hat man mir beigebracht …« Notieren Sie alles, was Ihnen durch den Kopf geht. Zum Beispiel »… perfekt zu sein«, was bedeutet, nie Groll zu zeigen, immer erfolgreich zu sein, nur Einsen zu schreiben, bei Tisch stets gerade zu sitzen und es allen recht zu machen. Ich war so ein zutiefst braves kleines Mädchen. Uns allen wurde beigebracht, uns auf eine bestimmte Art zu benehmen.

Die zweite Aufzählung beginnt mit: »Jetzt, als Erwachsene, stelle ich folgende Ansprüche an mich …« Unsere Erziehung hat unsere Vorstellung davon, wie wir heute zu sein haben, stark geprägt. Und so schreibe ich jetzt, infolgedessen, was ich in der ersten Liste aufgeführt habe, möglicherweise: »Ich erwarte von mir, loyal zu sein, besonnen, freundlich, geduldig, altruistisch und ruhig.«

Anhand der zweiten Aufzählung sehen wir, wie wir unser Leben eingerichtet haben. Eine Frau hat mir einmal erzählt, sie sei sich durchaus der Tatsache bewusst, dass sie es immer darauf anlege, von anderen bestraft zu werden. Diese tief in ihr verwurzelte Entscheidung hatte sie, aufgrund ihrer Konditionierung, unbewusst schon sehr lange zuvor getroffen. Sobald wir uns darüber im Klaren sind, welche Erwartungen wir an uns haben, fällt es uns leichter, zu erkennen, wie diese Erwartungen die Entscheidungen, die wir in den unterschiedlichen Situationen des Lebens treffen, beeinflussen. Und das betrifft wirklich unzählige Verhaltensweisen. Hier ein paar Beispiele: »Wenn ich allen Schwierigkeiten aus dem Weg gehe, wird das helfen.« – »Wenn ich Verantwortung übernehme und, falls nötig, alle Hebel in Bewegung setze, wird es schon funktionieren.« – »Wenn ich es schaffe, bei allem zu scheitern, wird es schon werden.« Es gibt Tausende dieser Strategien.

Bei der dritten Liste wird es interessant: Hier geht es um die Gefühle, die hinter den Erwartungen der zweiten liegen. Auf der zweiten hatte ich: »Ich möchte brav sein.« Nehmen wir einmal an, eine gute Freundin liegt im Krankenhaus. Es ist Samstagnachmittag, und ich bin von der Woche erschöpft. Dennoch denke ich, ich sollte sie besuchen – nicht, weil ich es wirklich möchte, sondern wegen ebendieser Erwartung an mich selbst, nett zu sein. Also mache ich mich auf den Weg, und wenn dies auch sicher richtig ist, hege ich wahrscheinlich doch einen gewissen Groll. Zum einen gehe ich, weil ich sie mag, aber zum anderen eben auch, weil »gute« Menschen das nun einmal tun. Diese dritte Liste hilft uns, die Mechanismen des Selbst zu durchschauen, das wir errichtet haben und an das wir glauben. Es ist das Selbst, der Kern, der unser Leben und die Art, wie wir die Dinge sehen, bestimmt.

Es ist tatsächlich sehr wichtig, zu verstehen, welches Bild wir von uns haben. Doch welche Schlüsse ziehen wir aus diesem Verständnis? Nehmen wir einmal an, wir sehen den Mount Everest. Er liegt einfach vor uns. Aber er tut mit Sicherheit nicht, was wir von ihm erwarten, und das Gleiche trifft auf die Weisheit zu, die wir über uns selbst erlangen. Sie ist einfach da und wartet darauf, dass wir die Dinge bemerken und ihnen mit Neugierde begegnen, statt immer gleich zu reagieren.

Unsere unmittelbaren Reaktionen besänftigen

Unsere Neigung, ständig zu reagieren und zu beurteilen – mit all dem daraus resultierenden Leid –, rührt allein von der Vorstellung her, es existiere ein getrenntes Selbst. Ich sorge mich um mich. Wenn es so läuft, wie es diesem separaten Selbst gefällt, bin ich gehobener Stimmung. Ich habe in seinem Namen alle möglichen Ziele postuliert. Ich glaube, dass ich bestimmte Dinge für es organisieren muss. Bis zu einem gewissen Grad denken wir alle so. Aber in welchem Maße gelingt es uns, das zu durchschauen und damit diesem Denken die Kraft zu nehmen?

Dank dieser Liste der Gefühle, die unser Selbstbild begleiten, erkennen wir viel leichter, wann wir aus einer rigiden Geisteshaltung heraus handeln und welche Emotionen dahinterstehen. Sie hilft uns, die körperliche Anspannung zu spüren, mit der wir an der jeweiligen Emotion festhalten. Wir verlieren uns nicht im Nachdenken darüber, wie wir glauben, sein zu müssen, einem Denken, das das direkte Empfinden verdeckt. Früher bin ich schnell wütend geworden und habe das auch ausgelebt. Erregte etwas meinen Zorn, bin ich explodiert – bum! Das passierte zwar nicht jedes Mal, doch ich habe stets mit Ärger reagiert. Langsam habe ich gelernt, ihn zu bemerken, bevor ich ihn ausagierte.

Häufig sind es nicht die konkreten Handlungen der anderen, die uns Probleme bereiten, sondern die Tatsache, dass sie an die Erwartungen auf unserer zweiten Liste rühren und damit die darunterliegenden unangenehmen Gefühle der dritten Liste auslösen. Und noch einmal: Das heißt nicht, dass man nicht reagiert. Doch wenn wir unsere Gedanken wirklich bemerken und unseren Ärger tatsächlich spüren, können wir mit weit größerer Klarheit und weit weniger Emotionen reagieren – oder vielleicht sogar ganz ohne sie.

Doch wie ermöglicht die Praxis eine solche Transformation? Dank der vielen Jahre des Praktizierens kann ich meinen Ärger heute empfinden, ohne ihn unterdrücken oder ausleben zu müssen. Vielleicht ist es bei Ihnen Angst, die Sie zu spüren lernen, statt weiterhin vor ihr davonzulaufen oder sie verstandesmäßig einzuordnen. Sie bleiben mit ihr und beginnen Dinge zu tun, die Sie ängstigen. Sie handeln nicht etwa deswegen so, weil es tugendhaft wäre, sondern um in der Lage zu sein, die Körperempfindung, welche die Angst begleitet, direkt wahrzunehmen, und weil die Aufgabe, die Sie fürchten, schlicht und ergreifend erledigt werden muss. Wir können viel daraus lernen, wenn wir Dinge tun, die uns widerstreben – einen Anruf erledigen, den wir scheuen, oder was auch immer es gerade ist.

Der fehlende Schritt

Mit unfehlbarer Güte konfrontiert uns unser Leben stets mit dem, was wir gerade zu lernen haben. Ganz gleich, ob wir zu Hause bleiben, in einem Büro oder sonst wo arbeiten, der nächste Lehrer erwartet uns schon. Unlängst unterhielt ich mich mit einem Schüler, der es nicht mag, wenn seine Frau ihm sagt, was er zu tun hat. Dabei widerstrebt ihm nicht unbedingt die Aufgabe, die sie ihm überträgt, sondern die Tatsache, dass sie ihm Vorschriften macht.

Wir alle kennen Situationen wie diese, und sie sind meistens unangenehm. Oft ist unser erster Gedanke: »Das passt mir gar nicht!« Und der zweite ist die Suche nach einer Lösung. Es gesellt sich ein weiterer »Ich«-gelenkter Gedanke dazu, der mit dem ersten im Widerstreit liegt. Das bringt kein besseres Ergebnis, sondern führt nur zu noch mehr Anspannung. Wie konnte es dazu kommen? Wir haben einen Schritt verpasst.

Was fehlte, war, die Gefühle zu spüren, die den ersten Gedanken begleitet haben. Werden Sie neugierig! Achten Sie darauf! Wir versäumen das hundert Mal am Tag, und das ist, als würden wir nie mit den Füßen die Erde berühren. Wenn wir immer nur nachdenken, ohne wirklich zu erleben, führen wir ein Leben, in dem wir stets ein Meter über dem Boden schweben. Unserem Leben fehlen Stabilität und Entschiedenheit.

Widerstände und Ausdauer

Sind wir im Leben und beim Üben im Sitzen nicht zumindest einigermaßen achtsam, verlieren wir leicht den Boden unter den Füßen. Ebenso groß ist die Gefahr, dass wir uns gegen Gewahrsein und tatsächliches Erleben sträuben, denn sie könnten ja schmerzhaft sein. Bei vielen wächst das Leid im Laufe des Lebens sogar an. Das stille Sitzen und das Erfahren der Dinge geben uns langsam mehr und mehr Raum, diesen Schmerz zuzulassen, was hilft, ihn zu lindern. Und dies wiederum stärkt unsere Motivation zu üben. Zu bemerken, wenn es an diesem Schritt der Achtsamkeit fehlt, und ihn dann zu tun, ist eine Frage der Geduld und der Ausdauer. Auch wenn wir uns gegen die Erfahrung des Schmerzes wehren und es nicht einfach ist, ihn zu empfinden, ist das Teil der Arbeit, die wir zu tun haben: Wir müssen uns unserer Widerstände bewusst werden, denn nur so können wir mit ihnen in Kontakt treten. Und je besser uns das gelingt, desto schneller können wir sie überwinden. Wie erwähnt ist es lediglich eine Frage der Beharrlichkeit und der Bereitschaft, sie immer öfter zu spüren – und auch dies können wir nicht rein verstandesmäßig erreichen. Doch wenn wir mit unserem Widerwillen Kontakt aufnehmen, transformiert er sich nach und nach und wir sind bereit, uns auf den Schmerz einzulassen.

Kontinuierliche Praxis bringt viele Erkenntnisse. Menschen, die geduldig sind und meditieren – aus welchem Grund auch immer –, stellen fest, dass sich ihr innerer Widerstand an einem gewissen Punkt aufzulösen beginnt.

Wir müssen ausdauernd sein. Damit meine ich nicht, dass wir den ganzen Tag dasitzen und über unsere Praxis nachdenken sollen. Das wäre verrückt. Doch wir lernen, auf die Warnhinweise zu achten: die Gedanken, die uns einreden, dass wir etwas nicht mögen oder dass mit den Leuten etwas nicht stimmt; unser Gefühl der Verletztheit; die Urteile und all die Reflexionen, die dazu führen, dass wir uns fortwährend verteidigen. Unsere Personalität, unser Ego sagt: »Wehr dich, so gut und sooft du kannst, gegen all diese Angriffe, was es auch koste, und das will gut überlegt sein.« Der einzige Schritt, der zählt und zugleich der einzige ist, der uns wieder auf die Erde bringt, ist, zu empfinden, was ist. Nach dem ersten Gedanken spüren wir einfach den Schmerz, der sich wie ein Dolch in uns bohrt, und wenn wir ihn wirklich zulassen, kommt es zu einer entscheidenden Veränderung.

Unser Leben besteht also förmlich aus diesem fehlenden Schritt, und es gibt niemanden, der ihn nicht immer wieder verpasst. Mir geht es da nicht anders, auch wenn ich ihn vielleicht nicht mehr so oft verpasse wie früher. Mit fortschreitender Praxis merken wir es schneller, wenn wir ihn versäumen, und genau darin liegt das immense Verständnis, das uns das Üben schenkt.

Gleichzeitig wächst auch der Wunsch, diese Arbeit zu tun. Wir glauben unseren Gedanken weniger, und unsere Überzeugung, wir würden als unabhängiges Selbst existieren, wird ständig schwächer. Menschen, die seit längerer Zeit regelmäßig meditieren und dies nutzen, um ihr Leben besser wahrzunehmen und zu erfahren, merkt man das an. Wir können vielleicht nicht sagen, was an ihnen anders ist, aber es ist für alle spürbar.

Bei der Praxis geht es um Ihr Leben

Bei der Praxis geht es um alles, was sich in Ihrem Leben abspielt und wie Sie sich dabei fühlen. Dabei ändern sich die Dinge, die Ihnen wichtig sind und mit denen Sie zu ringen haben, im Laufe der Zeit. Es ist ein lebenslanger Prozess des Entdeckens, denn sobald wir glauben, etwas begriffen zu haben, verstricken wir uns doch nur wieder in eine weitere Illusion.

Nehmen wir an, wir sind achtzehn Jahre alt und alles dreht sich um die Beziehung zu unserem Freund oder unserer Freundin. Diese Partnerschaft bietet uns die Chance, wichtige Erfahrungen zu machen. Jede Beziehung zu einem anderen Menschen beginnt zu einem gewissen Grad mit einem Ringen, denn meine Wünsche unterscheiden sich immer wieder von denen des anderen. Es kommt zu Konflikten, ob sie nun offensichtlich sind oder nicht. Doch mit ihnen zu praktizieren hilft uns, herauszufinden, was hinter ihnen steckt, und die Schwierigkeiten können gelöst werden. Möglicherweise haben wir jetzt das Gefühl, klarerzusehen und zu wissen, worum es im Leben geht. Vielleicht keimt ein Hauch von Glück auf. Aber irgendwann wird genau dieser Glückszustand zu einem weiteren Hindernis – die Beziehung beginnt uns zu langweilen und wir halten nach einer neuen Ausschau, oder wir spüren, dass sie uns vielleicht vom Verfolgen anderer Interessen abhält. Der anfängliche Hauch von Glück hat sich in etwas Beengendes verwandelt, und schon haben wir etwas Neues gefunden, gegen das wir ankämpfen können.

Vielleicht sind Sie auch um die dreißig und in dem wunderbaren Geschäft, Kinder großzuziehen, das, soweit ich das beurteilen kann, alle in den Wahnsinn treibt. Schaffen wir es, im Umgang mit ihnen wenigstens zu einer gewissen Leichtigkeit zu finden, gewinnen wir möglicherweise wieder den Eindruck: »Oh, jetzt verstehe ich, worum es im Leben geht. Ich weiß, wie ich das anstellen muss.« Und dann kommt die nächste Herausforderung … Oft begegnen wir solch neuen Bereichen, die uns fordern, mit Widerständen – das ist ganz natürlich. Dabei hatten wir doch gedacht, wir hätten inzwischen verstanden, wie wir mit den Dingen umzugehen haben … Trotzdem begegnen wir neuen Dingen abermals mit einer gewissen Unlust, schon wieder etwas dazulernen und noch mehr Schmerz ertragen zu müssen.

Ganz gleich, in welcher Phase unseres Lebens wir üben – die Praxis ist, wie sie nun einmal ist. Fast unmerklich verschiebt sich der Fokus unseres Interesses und dessen, womit wir arbeiten. Uns kommen Fragen wie: »Worum geht es mir in meinem Leben?«, »Wer ist mein Partner oder meine Partnerin?«, »Was ist der Sinn meines Lebens?«. Oder in zunehmendem Alter: »Was ist der Tod?« Tatsächlich können sich uns solche existenziellen Fragen zu Leben und Tod in jeder Phase des Lebens stellen, doch wenn wir noch jünger sind, neigen wir dazu, sie zu übergehen. Ein Großteil unseres Lebens besteht darin, unseren Zielen nachzujagen: einer Stelle, einer Beziehung, Geld, Gesundheit und der Gewissheit, dass es unseren Kindern gut geht. Uns kann nach so vielen Dingen verlangen …

Hinsichtlich der Praxis ist es von entscheidender Bedeutung, dass wir verstehen, womit wir in unserem Leben arbeiten, und einen Weg finden, nicht alles durcheinanderzubringen. Doch damit nicht genug. Irgendwann wird unser Horizont weiter, wobei wir, zumindest soweit ich das aus meiner Erfahrung beurteilen kann, ebenso wenig am Ziel der Praxis wie am Horizont ankommen – er ist unerreichbar. Auch wenn wir nach wie vor mit persönlichen Problemen beschäftigt sind und unser Leben sich weiterhin um Menschen, Beziehungen und die Arbeit dreht, die wir gerade tun, bringt uns eine wirklich regelmäßige Praxis dazu, Zeiten zu erleben, in denen wir gelöst sind. Wir erfahren eine Art innere Sammlung und Erdung, die wir vorher nicht kannten. Die Grundlage unseres Lebens wird gestärkt. Es gibt zwar immer noch Schwierigkeiten, doch mit den Jahren der Praxis wächst unsere innere Stabilität. Wir können uns viel besser mit der Idee anfreunden, einfach nur zu leben.

Ein Ersatzleben

In unserer Praxis geht es immer darum, zu entdecken, was unser Gewahrsein der Wunder des Lebens behindert. Bei dieser Blockade ist etwas entscheidend, das ich gern »Surrogatleben« nenne. Wir flüchten uns in eine künstliche Welt, um uns nicht mit unserer Konditionierung auseinandersetzen zu müssen, doch damit belügen wir nur uns selbst wie auch die anderen. Sie werden es nicht so nennen wollen, aber genau darauf läuft es hinaus. Ein solches Leben ist nicht authentisch, sondern ein Surrogat. Es folgt den Abläufen und hat den Anschein eines echten Lebens, wird aber aus den illusorischen Vorstellungen unserer Konditionierung gespeist.

Ich bin immer wieder überrascht, wie viele Menschen unter ihrem erfolgreichen oder charmanten Äußeren das Selbstbild hegen, sie seien wertlos. So viele denken, ihr größter Nutzen liege fraglos darin, von anderen an eine Besenstange gebunden zu werden und als Wischmopp zu dienen. Sie glauben, das geschehe ihnen recht.

Das stimmt natürlich nicht für alle. Manchen Menschen sagt diese Wischmoppversion von sich gar nicht zu. Andere sind viel gröber. Sie finden, dass sie die anderen als Reinigungsutensil benutzen müssen, um ihr eigenes Leben in Ordnung zu bringen. Mir geht es nicht darum, zu beurteilen, ob das gut oder schlecht ist. Es handelt sich einfach um Strategien aus dem Ersatzleben, das wir entwickelt haben, um uns in der Welt sicher zu fühlen.

Ein solches Ersatzleben ist oft so angelegt, dass es nach außen so wirkt, als liefe alles bestens. Doch im Inneren fühlt es sich hohl an, leer und unbefriedigend. Manchmal sehe ich das besonders bei jungen Frauen. Sie sind charmant und vielseitig, arbeiten hart, sind ihrem Partner, den sie offenbar liebevoll umsorgen, eine wunderbare Frau, machen bei der Erziehung ihrer Kinder alles richtig und leben ein Leben, das mustergültig wirkt und vielleicht auch tatsächlich ist. Doch ich habe mir angewöhnt, misstrauisch zu sein. Meist sind die Leute anders, als sie wirken. Hinter Zweisamkeit und Geselligkeit liegen oft Einsamkeit und Langeweile. Die Menschen leben ihr Ersatzleben, an dem sie beständig weiterbauen – von morgens früh bis abends spät und bei jeder kleinsten Handlung, jedem Gespräch und überhaupt allem, was sie tun.

Auf der anderen Seite gibt es Menschen wie den Mathematikprofessor Ted Kaczynski, der als Unabomber bekannt wurde; er tötete drei Menschen mit selbst gemachten Sprengsätzen, die er den Opfern per Post zugeschickt hatte. Den größten Teil seines Lebens wirkte er brillant und engagiert und bewältigte seinen Beruf tadellos. Doch sein falsches Leben, sein Surrogatleben, saß bereits fest im Sattel. Er zog sich immer weiter zurück, vereinsamte, spann sich ein Leben zusammen, das mit der Realität nichts mehr zu tun hatte, und das brachte ihn dahin, wo er schließlich endete. Sein Leben unterscheidet sich nicht maßgeblich von dem eines Menschen, der sich ein erfolgreiches Scheinleben als Hightechingenieur aufbaut. Rein äußerlich ist es natürlich anders, und in extremen Fällen wie dem von Kaczynski hat es bestialische Auswirkungen, das verharmlose ich selbstverständlich keineswegs. Aber die Mechanismen, die greifen, sind dennoch die gleichen. Unabhängig davon, ob unser Surrogatleben extreme Formen annimmt oder ganz gewöhnlich verläuft, es entfremdet uns von uns selbst. Vielleicht lebt der oder die Betreffende ein normales, überaktives und sehr geschäftiges Leben voll harter Arbeit. Es ist in Ordnung, beschäftigt zu sein. Doch in diesem Fall dienen Arbeit und Effektivität als Schutzpanzer, denn wir wollen auf keinen Fall mit dem wahren Leben konfrontiert sein, wollen all jenem, in dem wir feststecken, unseren Verletzungen und unserem Unwohlsein, nicht begegnen und schon gar nicht damit praktizieren. Stattdessen starten wir durch. Wir haben unsere Mittelchen und Methoden, es uns in unserem Ersatzleben bequem zu machen. Aber Vorsicht: Da wir uns so sehr nach etwas sehnen, bei dem wir uns gut fühlen, kann auch die Zen-Praxis selbst zu einem Scheinleben werden, zumindest wenn wir uns dieser Gefahr nicht bewusst sind und die Praxis dazu missbrauchen, uns nicht mit anderen Menschen, unserem Durcheinander oder sonstigen Dingen, die wir nicht spüren wollen, auseinandersetzen zu müssen.

Natürlich bin ich der Meinung, dass das Sitzen der einfachste und direkteste Zugang dazu ist, unser Leben zu erfahren, doch die Betonung liegt auf Erfahren, denn Meditieren ist kein Selbstzweck. Manche der besten Menschen auf Erden haben noch nie vom Sitzen gehört. Ganz gleich, ob es eine Religion oder eine Beschäftigung ist, die Sie voll fordert, ob es Beziehungen sind oder was auch immer – wenn wir es als Ablenkung nehmen, um nicht spüren zu müssen, leben wir nicht unser wirkliches Leben. Wir schaffen eine Scheinwelt, und das fühlt sich nie gut an, es macht uns nicht zufrieden. Bis zu einem gewissen Grad verfallen wir diesem Fehler alle, aber jedes Mal, wenn wir unser Surrogatleben nähren, nähren wir auch Unbehagen, Depression und Krankheit. Zugleich haben wir in jeder Situation und jeden Tag die Möglichkeit, zu sitzen und unser wirkliches Leben zu spüren.

Wenn wir dies tun, beginnen wir, Seiten von uns kennenzulernen und Dinge in uns zu entdecken, die uns bislang unbekannt waren. Wir verstehen, wie wir unser Scheinleben eingerichtet haben, fangen an, uns der immer gleichen Gedankenketten bewusst zu werden, die wir bei unseren Erlebnissen abspulen, und der Art, wie wir den Dingen nachjagen. Wir spüren, wenn sich im Körper Spannung aufbaut. All dies macht uns das tägliche Sitzen zugänglich. Jeden Tag führen wir uns vor Augen, wo wir gerade stehen. Deswegen ist die Praxis so wertvoll, sie ist der Moment des Tages, in dem wir wirklich wir selbst sein können und wahrnehmen, was sich in uns abspielt – natürlich nur dann, wenn unser Scheinleben, das all das nicht sehen will, uns nicht daran hindert hinzuschauen, denn es ist beängstigend. Manchmal sind wir versucht, uns dies zu ersparen und uns gar nicht erst zu setzen. Daher gehört es auch zu Ihrer »Meditationskarriere«, zu sehen, wie Sie sich anfangs um die Praxis zu drücken versuchen. Und nicht nur zu Beginn, es bleibt das ganze Leben lang so. Wir mögen unsere Scheinwelt oder denken zumindest, es wäre so. Nur wenn wir lange genug dabeibleiben, beginnen wir, die Leere und den Schmerz, die von ihr verdeckt werden, zu spüren.

Worum es im Leben geht

Manchmal sagen Leute Dinge wie: »Mein Leben ist nicht von Bedeutung«, oder: »Ich sehe im Leben keinen Sinn.« Für mich ist das ein Fingerzeig auf einen wichtigen Aspekt der Praxis: Sie hilft uns, uns mit der tieferen Bedeutung des Lebens zu verbinden und sowohl für uns selbst als auch für andere da zu sein. Dies zu tun ist ausgesprochen wichtig, denn unser Leben ist das eigentlich Entscheidende, auch wenn etwas Erfolg in der Welt ebenfalls nicht übel ist. Für mich ist der zentrale Punkt an der Praxis, dass sie uns hilft, uns zu einem authentischeren Menschen zu entwickeln – mit all der Vielschichtigkeit, die in jedem von uns steckt. In uns bildet sich eine solide, kraftvolle Basis, denn wir verbinden uns mit dem Leben selbst.

Die Praxis ist ein langer Weg mit Biegungen und Windungen. Es gibt Zeiten, da erscheint sie uns wunderbar, und es gibt Phasen, in denen wir sie als absolut langweilig und beschwerlich erleben. Sie erscheint einfach nicht sinnvoll. Wenn man diese Widerstände überwindet, beginnt man jedoch – vielleicht nach sechs Monaten oder einem Jahr –, diesen Sinn zu verstehen, da sich, wie gesagt, beim Üben der Horizont erweitert. Die Praxis ist sicherlich kein Wochenendseminar. Auch wenn sie uns wunderbare Einsichten schenken kann, wie: »Ah, genial, jetzt habe ich es verstanden!«, begreifen wir unter Umständen schon kurz danach überhaupt nichts mehr und alles scheint ein einziges Durcheinander zu sein. Aber genau darin liegt das Wunder eines Lebens in Praxis: in den Irrungen und Wirrungen, unseren Widerständen und unserer Konfusion. Solange wir glauben, das eigentliche Ziel der Übung seien Wohlbefinden, Vergnügen und Ruhe, haben wir ihren Sinn verfehlt.

Auf lange Sicht werden Menschen, die praktizieren, ruhiger. Doch das ist nicht das eigentliche Ziel der Praxis. Vielmehr geht es darum, dass wir mit uns selbst in Kontakt kommen, und zwar so, wie wir gerade sind: wütend, ablehnend, deprimiert, uns verstellend, wie auch immer. Viele von uns weichen aus, wenn sie in der Praxis mit schwierigen Dingen konfrontiert werden. Doch solange wir an diesen problematischen Punkten nicht innehalten, uns ihnen nicht zumindest von Zeit zu Zeit stellen, schöpfen wir nicht die ganze Bandbreite aus, in der die Praxis unserem Leben dienen könnte. Gibt es hier jemanden, der oder die das gern tut? Ich glaube kaum, mir jedenfalls geht es nicht so. Ganz gleich, in welchem Lebensabschnitt Sie sich gerade befinden, es macht Ihr Leben erfüllter, wenn Sie direkt in den Kern der Schwierigkeiten gehen und sie durchleben.

Wie Sie sehen, versuche ich zu verdeutlichen, warum ein Leben mit sitzender Praxis so unglaublich kostbar ist. Es ist ein stetes Ringen, doch wenn wir es in einem größeren Zusammenhang betrachten, sehen wir, dass das Leben für Menschen, die sich all ihren Prüfungen, Schwierigkeiten, Erkrankungen und so weiter stellen, zunehmend Sinn ergibt. Es bekommt eine Basis, die für uns und andere wertvoll ist.

Den Fluchtweg abschneiden

Ein immens großer Teil der Praxis besteht darin, immer wieder aufmerksam zu beobachten, was wir tun. Nicht alles entdecken wir, denn von einigem haben wir nicht den leisesten Schimmer. Doch einiges können wir sehr wohl erkennen, etwa die Gedankenketten, die andauernd auftauchen, wenn wir sitzen.

Nicht alle Gedanken kommen aus der Konditionierung oder ihrem ängstlichen Diener, unserer Grundstrategie. Manchmal denken wir auch nur kurz über ein vorbeifahrendes Auto nach. Doch wenn wir über etwas so Banales nachdenken wie etwa die Frage, was wir heute zu Abend essen wollen, kommt das gewöhnlich aus unserer Konditionierung. Möglicherweise fällt uns auf, dass sich manches Hunderte von Malen wiederholt, weswegen wir an diesen Gedankenketten, die doch ursprünglich dazu dienen sollten, unsere Erfahrung zu verändern oder zu verbessern, etwas das Interesse verlieren. Uns dämmert etwas und wir fangen an, uns auf eine völlig neue Weise kennenzulernen.

Doch es gibt dafür keine Garantie. Traurigerweise versuchen wir andauernd, vor uns selbst davonzurennen und die Dinge mit unserer Grundstrategie zu lösen. Doch wenn wir ausdauernd und diszipliniert still sitzen, schneiden wir die Fluchtroute ab. Wir überlassen uns der direkten Erfahrung unseres Lebens, und das verändert viel: Ein Leben, das sich jeden Tag ein wenig mehr all dem öffnet, ist nicht mit einem zu vergleichen, das all dies ignoriert.

In der Wahrnehmung verweilen

Was wir tun müssen – und ganz und gar nicht wollen –, ist, zum Schmerz unserer Konditionierung zurückzukehren. Ich benutze das Wort »Schmerz« ganz bewusst, denn diese Wahrnehmung ist für uns unangenehm und schmerzhaft. Doch es ist wirklich nur eine körperliche Erfahrung, es bringt uns nicht um. Angenommen, wir wären der Überzeugung, wir hätten nie Erfolg und unser Leben sei ein einziges Scheitern – was wäre das für ein Gefühl? Natürlich wollen wir mit diesem Gefühl nicht konfrontiert sein. Unsere Konditionierung sagt: »Ich verschwende meine Zeit. Ich muss die äußeren Bedingungen verbessern und mich um ›mich selbst‹ kümmern.« Alles, was sie uns zu bieten hat, ist diese Art von Flucht vor den eigenen Gefühlen.

In den Gefühlen zu verweilen ist das Herz der Praxis. Es ist hilfreich, zu wissen, was unsere Konditionierung ausmacht, zu wissen, dass sie uns nicht das vermittelt, was und wie wir sind, und erkennen zu können, welche Strategien wir in den Dienst der Konditionierung stellen. Das Wissen allein löst aber noch nichts. Erst wenn wir zu den Empfindungen zurückkehren und dort bleiben, wo wir nicht gern sind, verändert sich etwas.

Doch selbst wenn wir uns darum bemühen, uns mit unserem Erleben zu verbinden, laufen wir Gefahr, in den Geschichten, die wir uns zu den Wahrnehmungen erzählen, zu schwelgen oder davon wie besessen zu sein. Bisweilen kann das dramatische Formen annehmen, und solche Dramen sind natürlich immer interessant – aber wir sollten ihnen mit Misstrauen begegnen. Sich in diesen Dramen zu verlieren oder von ihnen besessen zu sein spielt sich immer noch auf gedanklicher Ebene ab, und das hindert uns daran, in der Erfahrung zu verweilen.

Sitzen an sich ist keine Tugend

So wie wir beim Sport die Muskeln trainieren, können wir durch das Sitzen den »Muskel« ausbilden, der uns – und sei es nur für einen Augenblick – in der Erfahrung hält. Deswegen ist sitzende Praxis so wichtig, und nicht etwa, weil sie eine Tugend an sich wäre. Es geht nicht darum, tugendhaft zu sein, sondern darum, eine Gelegenheit zu haben, uns mit dem Problem des Selbst zu befassen. Gleichzeitig müssen wir darauf achten, dass unsere Meditation nicht auch wieder zu einer Strategie wird, denn sie kann zur größten Flucht von allen werden – sogar zu einem echten Hindernis, sofern wir an unserer Identität als Praktizierende zu haften beginnen. Hier hilft ein guter Lehrer oder eine gute Lehrerin. Während es von außen leicht zu erkennen ist, wenn jemand das Sitzen als Strategie benutzt, sind wir, die wir dies tun, diesbezüglich oft blind. So erzählte mir beispielsweise ein junger Vater stolz, dass er jeden Morgen und jeden Abend eine Stunde lang meditiere. Auf die Frage, wer sich in dieser Zeit um die Kinder kümmere, schaute er mich erstaunt an und erwiderte: »Sich um die Kinder zu kümmern ist die Aufgabe meiner Partnerin.« Das ist nicht edel, sondern wieder nur eine Strategie.

Wenn Sie sich als Zen-Praktizierender oder -Praktizierende verstehen oder als jemand, der oder die »sitzt«, müssen Sie darauf achten, dass Sie sich nicht angewöhnen, fast reflexartig auf alles Erlebte mit »Das stört mich nicht« zu reagieren. Denn wahrscheinlich stört es Sie sehr wohl. Der erste Schritt besteht darin, sich selbst gegenüber ehrlich zu sein und sich einzugestehen, dass man so ist, wie man nun einmal ist, ganz gleich, ob man gereizt, wütend, verängstigt oder abwehrend reagiert. Mit genau diesen Empfindungen müssen wir arbeiten. Andernfalls verpassen wir die Gelegenheit, in uns zu spüren, was wirklich ist. Zen-Schüler sind besonders empfänglich für diese Art von Idealen: »Es macht mir nichts aus. Alles ist gut. Ich stehe über solchen Dingen.« Aber damit belügen sie sich oft selbst.

Ich hatte einmal einen Schüler, der mich ständig wegen Kleinigkeiten herausforderte. Für mich war das, so dachte ich, kein Problem, und ich erklärte meiner Tochter: »Ich sehe genau, was er macht. Es ist offensichtlich, warum er das tut, und es stört mich nicht.« Völlig unbeeindruckt erwiderte sie: »Mama, was empfindest du wirklich?« – »Es treibt mich in den Wahnsinn«, entfuhr es mir.

Wie wir es gerne hätten

Es liegt in unserer menschlichen Natur, danach zu streben, dass sich die Dinge in unserem Sinne entwickeln. Aber es läuft nie nach unseren Vorstellungen. Wissen Sie, was ich meine? Den lieben langen Tag kommt es anders als geplant. Und wenn die Dinge nicht so sind, wie wir es uns wünschen, durchzuckt es uns ein wenig – oder mehr. Wir spüren es: Unser Körper verkrampft sich. Ein Nutzen der Praxis besteht darin, dass wir es merken. Menschen, die meditieren, lernen zunehmend, zwischen dem Zustand, in dem der Körper einfach nur präsent ist, und jenem, in dem wir Gedanken haben, die uns aus dem Lot bringen, zu unterscheiden. Wir lernen, es zu merken, wenn sich unser Körper verspannt, und werden neugierig darauf.

Es ist nichts falsch daran, nicht alles zu mögen, was andere tun. Doch gleichzeitig bieten die anderen uns mit ihrem Tun Gelegenheiten, mit unserer emotionalen Reaktion zu praktizieren – unserer Wut, unserer Empörung oder unserer Verletztheit. Manchmal ist es durchaus angebracht und notwendig, jemanden an einer schädlichen oder unangebrachten Handlung zu hindern, doch sollte der Impuls hierzu nicht von unserer Konditionierung kommen, denn immer dann, wenn wir das Gefühl haben, zutiefst unvollkommen zu sein, und dieses Gefühl nicht ertragen, ist der Versuch, jemand anderen zu kontrollieren oder auf seine Unzulänglichkeiten hinzuweisen, vielleicht nichts als eine Strategie, unseren eigenen Minderwertigkeitskomplex zu vertuschen. Wir projizieren ihn auf andere und sagen denen, sie sollten anders und besser sein.

Falls Sie eine höhere Position bekleiden – in Ihrer Familie oder bei der Arbeit –, erliegen Sie möglicherweise leichter der Täuschung, etwas unter Kontrolle zu haben. Zumindest mir geht das so, denn ich leite dieses Zen-Center und diese Illusion tut mir nicht gut. Ich brauche einen Bereich in meinem Leben, in dem ich nicht das Sagen habe. Etwas ganz Neues zu lernen kann da hilfreich sein. Das mache ich gerade, was mir sehr guttut, denn mir unterlaufen natürlich massenhaft Fehler, wodurch ich bescheidener werde. Auch das Alter hilft hierbei: Für jede Sache, an die ich mich erinnere, vergesse ich eine andere. Kaum ist sie mir wieder eingefallen, ist mir schon wieder etwas anderes entfallen. Außerdem ist es mir wichtig, immer auch ein paar Freundinnen und Freunde zu haben, die nicht praktizieren. Das allein ist schon ein Abenteuer. Manche von ihnen haben keine Ahnung von dem, was ich als Lehrerin tue, und für mein Ego ist das eine ziemliche Herausforderung.

Ihr Leben findet genau hier statt, bei genau dem, was Sie gerade erleben und vielleicht überhaupt nicht mögen. Wenn wir so mit etwas sitzen, mit dem wir eigentlich nichts zu tun haben wollen, hilft uns das, die Fluchtroute abzuschneiden und zu lernen, mit dem zu sein, was wir empfinden. Wir lassen die Erfahrung so, wie sie nun einmal ist. Wenn wir den Versuch, sie in Ordnung zu bringen, sie zu ändern oder auf sie wütend zu sein, aufgeben können, beginnt die Erfahrung ihrerseits, uns zu verändern – eine Veränderung, bei der nicht wir aktiv und willentlich etwas tun, sondern der Prozess uns transformiert. Wir haben mehr Raum und Weite, es ist, als hätten wir auch rein räumlich mehr Platz um uns. Dank der Praxis erleben wir, wie unser Leben immer weniger von Urteilen bestimmt und immer seltener von selbstzentrierten Scherereien aufgewühlt wird.

Wir können uns nicht um alles kümmern. Wir sind geschäftige Leute, die viel um die Ohren haben. Aber versuchen Sie bei Ihrer täglichen Meditationssitzung, wenigstens an einer Sache zu arbeiten. Sie müssen es nicht während der ganzen Sitzung tun – und um genau zu sein, brauchen Sie dabei auch nicht zu sitzen. Versuchen Sie einfach täglich, eine Sache, die Sie beschäftigt, ehrlich zu empfinden. Sie müssen niemandem davon erzählen, und Sie können spüren, was immer Sie wollen, ganz egal, wie bösartig, belanglos oder beängstigend es vielleicht ist. Wenn Sie nicht mit dem arbeiten, was wirklich ist, verpassen Sie eine kostbare Gelegenheit.

Das Leben ist kein Ding

Wir alle haben unsere persönliche Meinung zu unserem Leben: »Das Leben ist hoffnungslos«, »Das Leben hat keinen Sinn«, »Das Leben ist hart«, »Das Leben ist ein Drama«, »Das Leben ist wie ein Spiel, und ich werde nie gewinnen«. Auch wenn jeder andere hat, bin ich noch niemandem begegnet, der nicht seine Ansichten dazu hätte. Selbst wenn wir sie nicht artikulieren können oder uns ihrer nicht bewusst sind, werden unsere Handlungen von solchen festen Überzeugungen geprägt oder sogar diktiert. Doch in Wirklichkeit ist das Leben nicht so oder so, man kann es nicht einfach zu einem Ding machen; es hat keine Dauer und keinen räumlichen Rahmen. Es hört niemals auf. Leben ist Wandel.

Unsere allgemeinen Einstellungen zum Leben speisen sich direkt aus unserer Konditionierung und werden von unseren Stimmungen gewürzt. Bei manchen sind sie extrem und dramatisch, während andere glauben, sie selbst und ihr Leben seien langweilig und man müsse sich irgendwie durchwursteln. Ängstlich zu sein ist ebenfalls eine solche Stimmung. Ihr wahres Selbst kann unmöglich beunruhigt sein, denn es ist nichts, es existiert nicht wirklich, und »nichts« kann auch nicht besorgt sein. Aber das konditionierte Selbst – also jenes, das die meiste Zeit unsere Wahrnehmung prägt – kann ängstlich oder in Eile sein.

Wir denken, unsere Stimmungen würden von den äußeren Umständen wie etwa dem Wetter, unserer physischen Verfassung und vielem anderen beeinflusst, doch das scheint uns nur so. Vor Kurzem ist mir aufgefallen, wie sehr sich meine Laune in Hawaii von der in San Diego unterscheidet. Ich kam zu dem Schluss, dass es am Wetter liegen muss. Aber zu bestimmten Zeiten im Jahr ist das Wetter in San Diego gar nicht anders als das in Hawaii. Ich mag die Luft in San Diego nicht, ich finde sie nicht sanft und wohltuend, sondern feucht, und Feuchtigkeit verabscheue ich. In Hawaii dagegen fand ich die feuchtwarme Luft wundervoll, dort hat sie mich keinen Augenblick gestört.

Langeweile ist ein anderer Name für Praxis

Alle, die sitzen, langweilen sich nach einer Weile. Im Zen können wir dabei nicht einmal auf die Uhr schauen. Zwanzig Minuten erscheinen manchmal wie eine Ewigkeit. Betrachten Sie die Langeweile genau. In meinem Fall vermittelt mir die Konditionierung, mein Leben sei ein ständiges Desaster. Gleichzeitig wünscht sie andauernd, dass mich irgendetwas – in dem Fall die Zen-Praxis – glücklich macht und mich wieder in Ordnung bringt. Doch wenn wir uns langweilen, ist es, als sagten wir uns: »Hier wird nichts wieder ins Lot kommen«, »Das ist doch eine absolut dumpfe Angelegenheit«, »Das führt zu nichts«, oder: »Das gibt mir nicht, was ich mir erhofft habe.«

Wir haben große Erwartungen an die äußere Welt. Denken Sie nur an die romantischen Vorstellungen von Liebe, die wir oft mit Träumereien beginnen wie: »Dieser Mensch wird mir Erfüllung bringen, mit ihm wird alles besser.« Doch dann werden diese Hoffnungen nicht erfüllt, und unser Partner oder unsere Partnerin fängt an, uns zu langweilen. Wir richten unsere Wünsche auf alles Mögliche, ob wir nun hoffen, dass die Padres, wenn wir ihre Fans sind, ein Baseballspiel gewinnen, oder uns wünschen, dass die Republikaner die Wahlen gewinnen, weil wir ihre Politik gut finden. Wir suchen immer nach etwas, das uns zumindest eine Zeit lang erfüllt.

Wenn wir anfangen zu praktizieren, stellen wir recht schnell fest, dass es uns nicht die erhoffte Erfüllung bringt. Wir sitzen einfach da, und es schmerzt. Unser Verstand, der ständig darum bemüht ist, unsere Angelegenheiten zu regeln, sagt notgedrungen: »Das ist ziemlich sinnlos«, »Es ist heiß. Meine Beine tun weh«, »Ich dachte, bei der Zen-Praxis geht es um Freude und Wunder«.

Wenn Ihnen danach ist, langweilen Sie sich ruhig. Die Sache wird interessant, wenn Sie die Langeweile voll erleben und die darunterliegende Besorgnis spüren. Die Sorge kommt daher, dass wir glauben, etwas Äußeres würde uns in Ordnung bringen, aber das geschieht nicht.

Langeweile ist eine andere Spielart der Begierde: »Ich möchte anders sein«, »Ich will, dass die Dinge anders laufen«, »Ich möchte, dass es nicht wehtut«, »Mir ist zu heiß«, immer und immer wieder nichts als »ich will«. Wir glauben, etwas zu brauchen, das wir nicht haben, und fühlen nicht unser »Sein«. Wir empfinden einen Mangel. Mit Langeweile geht oft der Wunsch einher, das Leiden nicht spüren zu müssen, und so suchen wir nach etwas, das uns ablenkt, etwas, das uns unterhält.

Wir hätten sicher nicht erwartet, dass es beim Üben darum geht, sich dem Schmerz wirklich zu »ergeben« und ihm gegenüber eine freundliche Einstellung zu entwickeln, ihn anzunehmen. Wir dachten, es ginge um Erleuchtung. Doch Erwachen ist kein überwältigender oder erhabener Zustand, es besteht einfach darin, mit dem zu sein, was ist.

Kaum tauchen in der Praxis Schmerz und Langeweile auf, kommt uns auch schon der Gedanke: »Ich verabscheue das, wirklich.« Wir können den Gedanken zur Kenntnis nehmen, ohne uns davon fesseln zu lassen. Wenn wir es schaffen, nicht daran zu haften, und uns stattdessen auf Leid und Langeweile einlassen, beginnen wir zu sehen, dass diese in etwas Größeres eingebettet sind. Solange wir Teile unserer Erfahrung ausschließen, können wir die Fülle und Heiligkeit des Lebens nie erfahren. Zu dieser Fülle gehören eben auch die unangenehmen Empfindungen, und auch für die Langeweile können wir dankbar sein, denn sie bietet uns eine Gelegenheit zu erfahren, was ihr zugrunde liegt.

Wenn wir das verstehen, entsteht die Bereitschaft, alles zu erfahren. Wenn wir es wirklich wollen, wird dieses Erleben immer deutlicher. Das heißt nicht, dass wir es darauf anlegen, beim Praktizieren Leiden und Dumpfheit zu erfahren oder zu empfinden, dass uns heiß ist. Doch wenn wir mit der Praxis weitermachen, entwickelt sich etwas in uns, eine Beharrlichkeit, und je länger wir dabei sind, desto mehr übernimmt diese das Ruder. Und das ist wirklich hilfreich. Wir alle werden im Laufe des Lebens mit Unfällen, Krankheiten sowie Stress und Anspannung konfrontiert, und im Alter wird es nicht besser. Wir können dem nicht entrinnen, doch unsere Praxis hilft uns, anders damit umzugehen. Ich will hier keine Idealvorstellung postulieren, darum geht es mir nicht, denn ich greife ebenso schnell nach einem Aspirin wie alle anderen. Dennoch entwickelt sich mit der sitzenden Praxis etwas in uns.

Das Leben vorwegnehmen

Bei den meisten Dingen haben wir eine Vorstellung von dem, was uns erwartet, und dies gilt auch für die Meditation. Doch diese innerliche Vorwegnahme hält uns davon ab, die Situation, in der wir uns befinden, zu erleben und ihrer gewahr zu sein. Ganz gleich, unter welchen Umständen wir anderen Menschen begegnen, wir sind oft etwas angespannt. Wir wollen sie auf die eine oder andere Art beeindrucken, und so überlegen wir uns, zum Beispiel wenn wir bei einem Meeting über etwas sprechen sollen, schon im Voraus, was wir sagen oder welche Geschichte wir erzählen wollen. Das ist verständlich und auch daran ist nichts falsch, außer, dass es uns von dem ablenkt, was wir gerade empfinden. Vielleicht fühlen wir uns etwas unwohl oder haben die Sorge, keinen guten Eindruck zu machen und dann mit unseren schmerzhaften Gefühlen allein dazustehen. Das ganze Szenario spulen wir innerlich ab, und das, obwohl wir noch nicht einmal die Eingangstür erreicht haben. Unser ganzes Leben verbringen wir so.

Der Großteil unseres Lebens spielt sich in unserem Kopf ab. Wir erfahren es nicht, sondern werden von unserer Konditionierung zu Stimmungen und Überzeugungen gedrängt. Wir sind vollkommen mit dieser Welt der vorwegnehmenden Gedanken und Gefühle beschäftigt, und das, noch bevor das Treffen, das uns Sorge bereitet, überhaupt begonnen hat. Nehmen wir an, Sie werden nachmittags jemanden treffen, der für Sie wichtig ist. Den ganzen Morgen grübeln Sie, wie Sie sich verhalten wollen. Vielleicht kämmen Sie Ihre Haare anders oder proben regelrecht, was Sie sagen werden. Das kostet Sie den ganzen Vormittag. Damit will ich nicht sagen, dass man sich nicht gut anziehen sollte. Natürlich sollte man das. Aber der Geist ist gänzlich von künftigen Vorhaben vereinnahmt. Und in ähnlicher Weise nehmen wir auch unser Üben vorweg. Manchmal erzählen mir Leute nach einigen Jahren der Meditation: »Ich habe aus der Praxis wirklich großen Nutzen gezogen, aber ich hätte es mir vollkommen anders vorgestellt.« Dies ist keine Seltenheit, denn wie wir ein Erlebnis antizipieren, hat nicht viel mit dem zu tun, was später tatsächlich geschieht.

Auch hier will ich nicht sagen, dass wir keine Wünsche haben sollten. Erwartungen verleihen uns Ausdauer und Disziplin. Sie unterscheiden sich von Ehrgeiz, der uns einredet, wir müssten etwas leisten. Letzterer ist von unserer Konditionierung motiviert, die besagt, dass mit uns etwas nicht stimmt und dass das in Ordnung gebracht werden kann, wenn wir diese ehrgeizigen Ziele erreichen. Wir reden uns ein: »Ich werde die Tür öffnen, ich weiß, was auf der anderen Seite ist, und ich werde es mir nehmen.« Wünsche hingegen klingen eher wie: »Wenn die Tür aufgeht, bin ich da.«

Die Konditionierung schwächen

Unser wahres Selbst kennt keinen Ehrgeiz, der das Leben vorwegnimmt, es beschäftigt sich nicht mit Nachdenken, Warten, Evaluieren oder Sorgen. Es nimmt einfach nur wahr – Sekunde um Sekunde. Es ist ganz es selbst und reagiert auf alles, was geschieht. Wenn die Millisekunde der Reaktion vorüber ist, ist sie vorüber. Auch wenn wir nie gänzlich in der Lage sein werden, ohne Gedanken oder innerliche Vorwegnahme zu sein, schwächt unser regelmäßiges Sitzen – ganz gleich, ob gelangweilt oder nicht – die egozentrischen Prozesse. Es verringert unser Haften an der Konditionierung, die vorgibt, wie unser Leben auszusehen hat, statt uns Raum zu gewähren, es zu erleben, wie es ist.

Indem wir unsere Interpretationen der Dinge schwächen, werden wir auf unser eigentliches Erfahren zurückgeworfen, und dieses direkte Erleben ist der Zugang zu unserem wahren Selbst. Dies ist die lohnendste Sache, die es gibt. Wir führen ein sehr betriebsames Leben. Manchmal erleben wir Reaktionen, die wir mögen, aber darauf können wir nicht zählen, es gibt keine Garantie dafür. Selbst ein Leben mit Praxis schenkt uns kein ruhiges Verweilen, keine Sicherheit. Wir wissen nie, was kommt, nur ist das kein Grund zur Sorge, denn unser wahres Selbst sorgt sich ohnehin um nichts, es ist dazu schlicht nicht in der Lage.

Zu erkennen, was es ist, das uns aufwühlt, heißt, unsere Konditionierung zu durchschauen. Alles, was wir sehen und erleben, ordnen wir umgehend ein: mögen oder nicht mögen. Machen Sie damit ruhig weiter, darin liegt nicht das Problem. Doch vergessen Sie nicht die Arbeit, die es zu tun gilt: Nehmen Sie das jeweilige Gefühl oder den jeweiligen Gedanken wahr, und werden Sie sich der Konditionierung bewusst, die dahintersteht. Verweilen Sie anschließend in was immer sich zeigt, ohne Antwort oder Reaktion.

Für unser Üben ist es nicht von Bedeutung, ob wir etwas mögen, ganz gleich, ob es sich um das Wetter oder die Praxis selbst handelt. Was zählt, ist, dass wir es tun.

Unsere Praxis ist unser Leitfaden

Manche sind der Meinung, dass meine Ausführungen zur Konditionierung psychologischer Natur seien und keine wahren Zen-Lehren. Doch wenn wir ein Bild von wahrer Zen-Praxis zeichneten, sähe es sicher nicht anders aus als ein Abbild der Langeweile. Zen bezeichnet ein Leben, das ein transformierendes Element in sich trägt. Wir können versuchen, unser wahres Selbst willentlich und verstandesmäßig zu ergründen, werden damit jedoch nicht weit kommen. Es lässt sich nicht erzwingen. Man kann sich nicht einfach vornehmen, ein guter Mensch zu sein oder sein eigenes wahres Selbst zu leben. Das wäre wieder nur eine

Strategie, die zu keiner grundlegenden Transformation führt.

Die Vorstellungen der Konditionierung sind Teil unseres Geistes, doch wenn wir den eigentlichen Schmerz erfahren, ohne ihn zu bewerten, verlassen wir die Domäne der dualen Begrifflichkeit und betreten den Raum jenseits von Subjekt und Objekt, den Bereich des reinen Seins. Wenn wir uns sagen: »Ich will nun meinen Ärger erspüren«, erleben wir ihn noch nicht. Wir reden nur darüber. Um die Emotion wirklich zu erfahren, müssen wir, zumindest für einen Moment, unsere Konditionierung aufgeben und uns der Erfahrung des Schmerzes, der mit ihr einhergeht, überlassen. Und wenn es uns gelingt, in diesem nicht begrifflichen Erleben zu verweilen – und sei es jeweils nur für einen kurzen Augenblick –, beginnt es uns langsam, aber sicher zu verändern.

Im Laufe der Zeit entwickeln wir die Fähigkeit, länger als nur drei Sekunden in dieser nicht-dualen Erfahrung zu bleiben. Eigentlich gefällt uns das nicht sonderlich, schließlich sind uns unsere Konditionierungen ans Herz gewachsen, und solange wir unser wahres Selbst nicht kennengelernt haben, denken wir, dass gerade sie uns ausmachen. Wir beabsichtigen nicht im Geringsten, sie aufzugeben. Das ist der Grund, warum es uns nicht leichtfällt, zu praktizieren. Doch genau dieser Schmerz wird zu unserem eigentlichen Lehrer.

Dank dieses Lernprozesses beginnen wir langsam, uns selbst und unser Leben in einem anderen Licht zu sehen. Das Bild ist niemals vollständig, aber wir verbringen immer mehr Zeit in diesem wissenden, aber nicht begrifflichen Zustand, und dies ermöglicht es uns, unser wahres Selbst zu erleben. Und unser wahres Selbst ist Frieden und Freiheit. Es ist voller Mitgefühl und unfähig zu urteilen. Dieses wahre Selbst zeigt sich über die Jahre mehr und mehr. Unsere Praxis ist dabei der Leitfaden. Dies ist wahres Zen. Das ist alles.

DRITTER TEIL

DIE ARBEIT

Unser innerer Kampf

Wir Menschen befinden uns in einem andauernden Krieg mit uns selbst. Alle, auch jene, die lächeln und selbstsicher auftreten, haben mit sich zu kämpfen. Wie klar wir unsere inneren Auseinandersetzungen sehen und ob sich diese Erkenntnisse auf unser Leben auswirken, ist eine andere Frage. Die meisten von uns sind sich der Konflikte nicht einmal bewusst, und darin liegt normalerweise das menschliche Dilemma: Nicht alle interessieren sich für die inneren Kämpfe, manche sind hierfür ganz und gar unzugänglich und werden sie mit ins Grab nehmen. Doch interessieren wir uns für sie, dann finden sie auch in unsere Praxis. Wir ziehen in den Krieg und kämpfen.

Es ist ein Kampf zwischen dem, was wir glauben, sein zu müssen, und dem, was wir wirklich sind. Wir alle sind von der Idee gefangen, irgendwie anders sein zu müssen. Vielleicht glauben wir, wir sollten freundlich, geduldig, vergebend, langmütig, wohltätig und mitfühlend sein. Es ist furchtbar! Damit will ich nicht sagen, die genannten Eigenschaften wären furchtbar. Doch sie zum Maßstab dessen zu machen, wie wir sein sollten, ist so ziemlich der schlechteste Weg, sie vielleicht irgendwann zu erlangen. Möglicherweise sind wir nichts von alldem oder zumindest nicht vieles. Entsprechend fühlen wir uns schuldig und versuchen, dies zu verheimlichen.

Der Krieg tobt zwischen dem Wunsch nach Freude (beziehungsweise nach Mühelosigkeit oder Erfolg) und der Tatsache, dass das Leben sich nicht darum schert, ob es uns gut geht. Es ist, wie es ist. Verstandesmäßig wissen wir das vielleicht, aber wir denken, wir müssten Wege finden, damit besser zurechtzukommen. »Ich sollte das akzeptieren«, »Ich könnte es eigentlich tun«, »Ich sollte ein guter Mensch werden«, »Ich sollte uneigennützig sein«. Und wie sind wir wirklich? So, wie wir sind.

Erst wenn wir das akzeptieren und uns selbst annehmen, können wir uns verändern. Wann immer wir uns über etwas aufregen, verärgert, gereizt oder launisch sind, befinden wir uns im Kriegszustand. Die Frage, die wir uns stellen müssen, lautet: »Wie soll es sein, und wie ist es wirklich?«

Die zwei Seiten der Praxis

Wir haben eine bestimmte Vorstellung von uns und der Welt, und dieses geistige Bild bestimmt unsere Handlungen und verursacht nichts als Chaos, sowohl für uns als auch für unsere Mitmenschen. Und es kann sein, dass wir an dieser Sicht bis zu unserem Tod festhalten. Wir behaupten, sie sei uns nicht wichtig, aber in Wirklichkeit bereitet die Vorstellung, sie loszulassen, uns riesige Ängste. Dennoch gibt es etwas in uns, nennen wir es eine immer anwesende tiefere Weisheit, die uns wissen lässt, dass sie so nicht leben will. Dies ist eine Seite der Praxis.

Die andere Seite besteht darin, die Dinge einfach nur zu bezeugen, zu beobachten und wirklich jeden Gedanken, den wir haben, wahrzunehmen – ihn also ganz ohne Analyse oder Urteil ausschließlich zu sehen und immer wieder zu sehen. Und während dieses Sehen sich vertieft, bemerkt es nicht nur die Gedanken, sondern auch die Körperwahrnehmungen, die mit diesen einhergehen. Dies ist der Augenblick, in dem wir beginnen, unseren Körper kennenzulernen, sämtliche Facetten der Emotionen, die ihn von morgens bis abends durchdringen. Es ist eine nüchterne, trockene Praxis, haargenau und präzise.

Dieser Aspekt der Praxis erfordert Ausdauer, und es tut mir leid, Ihnen sagen zu müssen, dass diese Arbeit nicht einfacher ist als die mit den Konditionierungen. Sie kann Jahre der geduldigen Praxis erfordern: achtsam sein, Tag für Tag unsere Gedanken benennen und wahrnehmen, was sich jeden Moment in unserem Körper abspielt. Zu sitzen ist entspannend, doch in den vielen ersten Jahren kann es auch harte Arbeit bedeuten. Es bringt uns nicht unbedingt sofort Zufriedenheit, aber langsam kommen wir dabei mit dem wahren Leben in Kontakt – das allerdings nur, wenn wir am Ball bleiben. Da wir so viel Leid in uns tragen, vermeiden die meisten diese Arbeit. Sie suchen einfachere Wege, gleich Freude zu erleben, denn sie wollen jetzt Spaß haben. Doch so finden wir nie zur tieferen Freude des wahren Lebens.

Die eine Seite der Praxis besteht also darin, unsere Konditionierung zu erforschen, was unser Bild vom Leben in Stücke reißt, und die andere ist akribische, sorgfältige Arbeit. Beides verspricht nicht gerade Spaß – warum tun wir es also? Weil unser wahres Selbst bereits in uns ist und sich nach der Freiheit und dem Freiraum sehnt, die ein wahres Leben ausmachen.

Das Chaos aushalten

Wünschen wir wirkliche Transformation, müssen wir unser inneres Durcheinander aushalten. Wir bleiben mit ihm. Ein großer Teil der Praxis besteht einfach darin, diese Verwirrung mit purer Beharrlichkeit und Geduld auszuhalten. Und wenn wir das tun, ist es, als seien wir in jenem chaotischen Zimmer unseres Lebens, in dem wir ein Fenster offen gelassen haben, sodass ein kleiner Weisheitsvogel hereinfliegt.

Zunächst bleibt er nicht lange, vielleicht zeigt er sich auch nur kurz am Fenster, zirpt ein wenig und fliegt davon. Doch harren wir ruhig und geduldig aus, kommt er wieder. Sind wir gute Gastgeber, bleibt er vielleicht sogar länger und wohnt eine Woche bei uns oder so. Und dadurch beginnen wir, unser Leben anders zu sehen.

Doch wie soll es sein? Unsere Hoffnung ist, dass wir es unserer Konditionierung entsprechend führen und genießen können, dass wir zufrieden sind und es so ist, wie wir es uns immer gewünscht haben. Und dann sagt uns jemand, dass wir alles ganz anders machen sollen: wirklich hinschauen, beobachten und spüren. Das wollen wir nicht, wir wollen lieber in dem wilden und endlosen Strom der Gedanken bleiben. Es widerstrebt uns, sie zu beobachten und die körperliche Anspannung zu empfinden, die uns erfasst, wenn wir mit ihnen spielen.

Sofern wir mit der Praxis weitermachen, wird unser vom Verstand geprägtes Bild dessen, was wir tun, durch die unmittelbare Einsicht ersetzt. Wie ist es wirklich? Das ganze Ringen ist nicht sinnlos, sondern, ganz im Gegenteil, die Grundlage für Veränderung.

Alte buddhistische Texte verwenden für die Meditation oft das Bild, dass dabei die eigenen Haare in Flammen stehen. Es gibt keine Praxis ohne Kampf, denn er ist eine Voraussetzung dafür, dass wir dazulernen. Wenn wir mit dem Feuer bleiben, entflammt es unsere Entwicklung. Die meisten von uns brauchen dabei zumindest etwas Unterstützung, daher rate ich Ihnen, eine Lehrerin oder einen Lehrer für solch partnerschaftliche Hilfe zu suchen sowie eine Gemeinschaft, mit der Sie praktizieren können. Denn es ist sehr anstrengend, mit diesem Kampf weiterzumachen; er kann ein Leben lang andauern.

Die gute Nachricht ist, dass dieses Ringen uns verändert

und selbst auch eine andere Qualität bekommt. Es wird weniger mühselig. Manchmal kommt es in diesem Krieg zwischen den Ansprüchen, die wir an uns selbst stellen, und dem, wie wir sind, zu Augenblicken der Waffenruhe. Die beiden Gegner treffen sich auf einen Kaffee mit Keksen und genießen das Leben. Die Praxis führt nicht zum »Sieg«, schenkt uns aber Momente des Friedens. Ist die Feuerpause vorbei, ziehen wir möglicherweise wieder ins Gefecht.

Doch wir können es uns ein wenig gut gehen lassen, und diese kleinen Momente werden länger und länger.

Wir scheuen vielleicht das Praktizieren, aber wir lernen das Leben zu schätzen, das sich daraus ergibt. Wir hören auf zu kämpfen und erleben stattdessen die Frische des Sehens auf eine viel ehrlichere Weise. Ein Leben mit Praxis ist das Lohnendste, das Aufregendste und das Lebendigste, das es gibt. Aber es ist kein Zuckerschlecken.

Nichts greifen, nichts ablehnen

Er widmete sich jeder Sache so,
als gäbe es nichts anderes.
Charles Dickens, Dombey und Sohn

Der Laienpraktizierende Pang war ein alter, hoch angesehener Zen-Meister. Er hatte Familie, war also kein Priester, lehnte alle formelle Praxis ab und suchte auf eigene Faust nach dem Erwachen. Eines Tages befreite er sich von all seinem Besitz, indem er ihn in ein Boot lud und dies in der Mitte eines Flusses versenkte. Danach reiste er mit seiner Tochter Ling Chao als Bettler durch das alte China. Offenbar kannte Pang alle großen Zen-Meister seiner Zeit und studierte mit ihnen. Er forderte sie in der Dharma-Debatte heraus – eine Praxis, sich über schwierige Themen auszutauschen, die damals sehr populär war. Als man sich einmal nach seinem Leben erkundigte, erwiderte er mit folgendem Vers:

Meine täglichen Aktivitäten sind nicht außergewöhnlich.
Ich bin nur mit ihnen im Einklang.
Ich greife nach nichts und lehne nichts ab.
Welch übernatürliche Kräfte und wundervolle Handlungen,
Wasser zu schöpfen und Feuerholz zu tragen.

Er verbrachte mit seiner Tochter über zwei Jahre in einer Höhle. Eines Tages kündigte er an, es sei für ihn an der Zeit zu sterben. Er traf die letzten Vorbereitungen und bat seine

Tochter, nach draußen zu gehen und ihm Bescheid zu geben, wenn die Sonne ihren höchsten Stand erreichte. Doch sie kam gleich wieder herein, um ihm zu berichten, es gebe gerade eine Sonnenfinsternis. Als Pang nachschaute, setzte sich Ling Chao auf seinen Platz und starb auf der Stelle. »Sie war immer sehr schnell bei der Sache«, erklärte der Meister und folgte ihr eine Woche später.

Diese Geschichte hat sich wahrscheinlich nie zugetragen, ist aber dennoch großartig. »Meine täglichen Aktivitäten sind nicht außergewöhnlich«, sagt er. »Ich bin nur mit ihnen im Einklang.« Das klingt sehr einfach. Ich könnte Ihnen zum Beispiel sagen: »Gehen Sie nach Hause und seien Sie im Einklang damit. Wenn Sie mit Ihren Liebsten sprechen, seien Sie mit ihnen in Harmonie.« Nichts leichter als das, oder?

Doch für uns ist dies alles andere als einfach.

Heute beispielsweise habe ich versucht, diese Unterweisung einsgerichtet vorzubereiten. Ich wollte Charles Dickens Worten folgen und mich nur einer Sache auf einmal widmen. Das hielt ich zehn Sekunden durch, und dann kitzelte mich etwas im Gesicht. Natürlich habe ich mich nicht nur gekratzt, ich habe mich auch in den Gedanken darüber verloren.

Mit dem Chaos im Einklang

Könnten wir mit unsrer Erfahrung im Einklang sein – von morgens bis abends –, wäre das schon sehr viel. Damit meine ich nicht die Zielgerichtetheit präziser Konzentration, die sich auf jede Kleinigkeit fokussiert. Sie heben einen Löffel und richten Ihre ganze Aufmerksamkeit darauf. Das ist selbstbezogene Achtsamkeit, davon spreche ich nicht. Bei einer missverstandenen Achtsamkeitspraxis achten wir mit viel Aufhebens darauf, wie wir etwas langatmig den Löffel ergreifen, um ihn dann in den Mund zu stecken. Man kann auch hiervon etwas lernen, aber das Gewahrsein bleibt außen vor. Es geht nicht darum, des Löffels gewahr zu sein, sondern der ganzen Situation unseres Lebens in diesem Augenblick – dazu gehören auch unsere Körperempfindungen, wie lange Sie kauen müssen und so weiter –, also der Gesamtheit der Situation mit all ihren Umständen. Es ist leicht, »Sei mit dem Leben im Einklang!« zu sagen. Das klingt zwar ganz reizvoll, aber wir sind es nicht. In gewisser Weise wissen wir alle, dass man so leben sollte, und dennoch halten wir uns nicht daran. In Wahrheit sind wir selten wirklich bei der Sache, und fast immer schweifen wir ab.

Wenn wir in der mentalen Welt unserer Konditionierung gefangen sind, lernen wir nie kennen, wie es ist, im Einklang zu sein. Doch wie können wir dem als Mensch näherkommen?

Im Reich jenseits des Wollens und Ablehnens ist die Welt vollkommen. Wir tun, was wir zu tun haben, und das, ganz ohne zu unterscheiden. Nehmen wir einmal an, wir versuchen uns auf unsere Arbeit zu konzentrieren, denn wir sind sehr beschäftigt. Plötzlich klingelt das Telefon. Uns stört das Klingeln, schließlich sind wir beschäftigt. Doch das Problem ist nicht das Telefon, das einfach klingelt; das ist weder gut noch schlecht.

Sobald wir lernen, auf dieses Klingeln mit Gewahrsein zu reagieren und es zu erfahren, werden wir weniger rigide. Leben ist konstanter Wandel, und wir vermögen nun besser mit ihm zu gehen, statt in unseren Überzeugungen festzustecken, wie es sein sollte. Im Einklang zu sein bedeutet, dass wir das eigene Selbst als integralen Bestandteil des Lebens verstehen, statt uns von ihm abzutrennen und uns gegen seinen Lauf zu stellen. Wenn wir Harmonie erleben, wissen wir das.

Aus materialistischer Sicht gibt es keinen Einklang. Aus letztendlicher Sicht ist alles natürlicherweise in Harmonie, selbst in den chaotischsten Situationen. Das bedeutet, dass wir das Chaos erleben, ohne uns von ihm vereinnahmen zu lassen.

Was ist hier los?

Sobald ich merke, dass ich urteile oder genervt bin – und das gelingt mir dank meiner jahrelangen Praxis heute ziemlich schnell –, frage ich mich umgehend: »Was ist hier los?« Ich sehe gründlich und genau hin. Wenn es eine meiner mir wohlbekannten Maschen ist, gelingt mir dies manchmal binnen zehn Sekunden. Mit der Praxis nimmt unser Können, innezuhalten und zu hinterfragen, ständig zu. Nicht, dass das Ego oder die Probleme verschwinden würden, aber es wächst die Fähigkeit, mich voller Neugier darauf einzulassen und sie zu erforschen.

Wenn wir mit alldem arbeiten – und wir alle haben unsere wiederkehrenden Themen –, zeigt sich der Bereich ohne Wollen und Ablehnen. Und damit kommen wir in den Raum des Einklangs.

Statt nur zu sehen, zu bemerken, zu benennen und zu schauen, was sich sonst noch so abspielt, glauben wir anfangs unseren Urteilen noch. Der Wendepunkt vollzieht sich in dem Moment, da wir in die Erfahrung finden.

In manchen Kreisen ist es ziemlich in Mode gekommen, zu sagen: »Du musst dich selbst lieben.« Ich glaube, das ist falsch herum gedacht. Es genügt nicht, einfach nur sich »selbst zu lieben«. Stattdessen müssen wir uns eingestehen, dass wir uns tatsächlich so, wie wir sind, nicht mögen. Doch das Selbst, das wir nicht lieben, ist nicht das wahre Selbst, sondern lediglich die Konditionierung, zusammen mit all den Gedanken und Körperempfindungen, die sie begleiten. Mit der Praxis durchschreiten wir den Tunnel der Erfahrung und kommen ins Land der Harmonie, wo wir mit uns selbst im Einklang sind.

Der Mut zu praktizieren

Praxis erfordert Mut. Und damit meine ich nicht die Art von Courage, in den Krieg zu ziehen und sich von einer Kanonenkugel in Stücke reißen zu lassen. Gemeint ist der Mut, von unserer gewohnten Position abzurücken, die Dinge nicht mehr so zu tun, wie wir sie schon immer getan haben, sondern zu beschließen, etwas zu verändern.

Was mir am meisten hilft, diesen Mut aufzubringen, ist, mir meine Erfahrung wirklich einzugestehen – und meist besteht sie aus Angst. Wenn ich die aushalte und erlebe, fällt es mir leichter, die Arbeit zu tun, die getan werden muss.

Keine Anstrengung – riesige Anstrengung

Wenn wir lange genug sitzen, mögen wir das Üben hin und wieder, verabscheuen es zuweilen, sind manchmal von der Erfahrung beeindruckt und halten zu anderen Zeiten die ganze Angelegenheit für puren Unfug oder schlicht öde.

Die Praxis selbst bleibt immer die Gleiche, egal was sich in ihr zeigt. Ob wir jung sind oder alt, glücklich oder traurig – sie ändert sich nicht. So gesehen hält sie uns und gibt uns den Raum, zu erfahren, was immer sich zeigt. Die Praxis stellt sich uns nie in den Weg.

Bald nach Buddhas Tod bildeten sich hinsichtlich der Meditation zwei verschiedene buddhistische Schulen. Die eine postuliert, Meditationspraxis sollte anstrengungslos sein. Das ist nur zu wahr. Wir ruhen einfach in dem, wer wir sind.

In der anderen Tradition herrscht die Überzeugung, dass die Praxis uns riesige Mühen abverlangt. Und auch das stimmt. Sich dessen gewahr zu sein, was man tut, erfordert eine riesige Anstrengung. Ich erinnere mich, wie ich einmal auf meine jüngste Tochter unglaublich wütend war. Der Zorn kam einfach daher, dass ich recht haben wollte – natürlich hatte ich recht! Ich wollte ein paar wohlüberlegte und leicht zurechtweisende Dinge sagen und damit die Sache klarstellen. In mir tobte ein Konflikt: Aufgrund der jahrelangen Praxis wusste ich, welchen Schaden meine Worte anrichten würden, und gleichzeitig spürte ich den Drang zu sagen, wonach mir war. Plötzlich merkte ich, dass ich mich vor allem danach sehnte, ihr nahe zu sein und sie nicht zu verletzen. Ich konnte zusehen, wie dieses Gefühl immer stärker wurde, bis es mir keine Wahl mehr ließ: Ich musste einfach zu ihr gehen und sie in die Arme nehmen. Und natürlich löste sich der Konflikt innerhalb weniger Sekunden in Wohlgefallen auf. Wir endeten nicht im Elend, sondern alles war schön.

Unser Verlangen, recht zu behalten, ist unglaublich stark. Jahre der sitzenden Meditation sind kein Garant für Glück – auch sonst für wirklich nichts –, doch diese Tiefe der Erfahrung schenkt uns vielleicht die wenigen Sekunden, in denen wir spüren, was wir uns innerlich am meisten wünschen, und so können wir entsprechend handeln. Genau diese wenigen Sekunden sind der Grund, warum wir sitzen und immer wieder sitzen. In uns entwickelt sich etwas, das uns helfen kann, das zu tun, was uns im jeweiligen Moment am meisten am Herzen liegt. Und diese Fähigkeit wächst im Laufe der Zeit.

Entspannung und Anstrengung

Ich finde sehr wohl, dass die Praxis Anstrengung erfordert. Gleichzeitig versetzt uns die Erfahrung des Lebens, wie es ist – ohne Dinge willentlich zu erzwingen, über sie nachzudenken oder uns zum Handeln anzutreiben –, in einen Zustand ohne Anstrengung. Wie kann beides gleichzeitig wahr sein?

Das Leben ist häufig ein Kampf. Es gibt Dinge, die wir erreichen wollen, wir wissen meist ziemlich genau, was unserer Meinung nach passieren sollte, und dann tritt es nicht ein.

All dieses Ringen ist ermüdend, und dennoch müssen wir, wenn wir die Konditionierung, die uns in diesen Kampf verstrickt, aufgeben möchten, unsere Aufmerksamkeit bewusst darauf richten.

Je mehr wir es uns zur Gewohnheit gemacht haben, das

Leben nicht in seiner Ganzheit zu erleben, desto mehr Anstrengung kostet es uns, uns der Wirklichkeit wieder zu öffnen. Wir haben uns angewöhnt, das, was wir für die Wirklichkeit halten, zu verengen, damit es in das Schema dessen passt, was wir für »unser Leben« halten.

Es mag erst einmal beängstigend wirken, die Brille der Konditionierung abzulegen, um unseren Sinneswahrnehmungen, der Realität unseres Körpers und dem Gesamtbild Gelegenheit zu geben, sich zu zeigen. Das Anstrengende daran ist, dass wir uns etwas zuwenden, das wir nicht kennen – dem gegenwärtigen Augenblick. Wenn es uns aber gelingt, darin zu verweilen, ohne irgendetwas zu tun oder zu denken, dann erleben wir diesen Moment ohne Anstrengung.

Unsere Praxis besteht darin, uns des Geschehens so bald als möglich bewusst zu sein. Normalerweise sind wir in der ersten Sekunde, oder auch länger, in den Gedanken über das Erfahrene gefangen, und es bedarf einiger Mühe, sie loszulassen. Doch mit der Praxis gelingt uns das immer schneller, oder zumindest begreifen wir, dass wir gefangen sind, und schon dadurch löst sich unsere Verstrickung.

Wir denken, wir müssten etwas tun, etwas verändern. Das klingt nach viel Arbeit! Doch die Mühe, die ich hinsichtlich unserer Praxis meine, liegt in erster Linie darin, unser Gewahrsein auf unsere Erfahrungen zu richten und bei diesen zu verweilen – immer und immer wieder.

Wir sprechen von Anstrengung und Mühelosigkeit, doch hauptsächlich geht es darum, eine Entscheidung zu treffen. Wo haben wir eine Wahl und wo nicht? Fühlen wir uns von jemandem verletzt, können wir entweder unsere Achtsamkeit auf das Erleben dieser Verletzung richten und mit ihm sein oder die Verletzung mithilfe einer angenehmen Ablenkung beziehungsweise Rechtfertigungen unter den Teppich kehren, oder wir können ihretwegen verzweifeln. Wir nutzen unsere Aufmerksamkeit ganz bewusst, um einige Fragen aufzuwerfen: »Was mache ich?« Und: »Was passiert hier?« Wir stellen diese Fragen als Herausforderung, sodass das Gewahrsein etwas an die Oberfläche bringen kann. Dies zu tun und unsere gewohnten Denkweisen hinter uns zu lassen, bedarf ebenfalls einiger Mühe. Synonyme hierfür wären Beharrlichkeit und Achtsamkeit. Doch wenn wir uns von unseren gewohnten Mustern abwenden und praktizieren, finden wir schließlich in die Mühelosigkeit. Das heißt nicht, dass alles schön und angenehm ist. Es heißt nur, dass wir gewahr sind und dem, was ohnehin ist, erlauben zu sein. Es gibt keine Wahl, keine Anspannung. Es ist anstrengungslos. In unserer westlichen Kultur legen wir großen Wert darauf, dass alles im Leben nach vorn gerichtet ist, dass es aufwärtsgeht und wir uns verbessern sowie erfolgreicher werden. Vor diesem Hintergrund finden wir unser eigenes Verhalten oder auch das von anderen nicht gerade großartig. Um daran etwas zu ändern, suchen wir neue Orte und andere Menschen. Die Anstrengung in der Praxis besteht dagegen darin, uns bewusst zu machen, was wirklich in uns vorgeht.

Zum Beispiel erfordert das Gewahrsein, dass der Körper angespannt ist, keine Anstrengung, sondern nur Achtsamkeit. Und sich der Gedanken bewusst zu sein, die in einem aufsteigen, bedarf ebenfalls keiner allzu großen Mühe. Es ist, wie wenn wir beim Fernsehen verschiedene Sender durchzappen. In gewisser Weise ist es also ganz leicht. Aber solange wir uns nicht gut genug kennen, verlieren wir uns in den Gedankenketten, und so erscheint es uns als mühsam, uns immer wieder den unangenehmen Aspekten in uns zuzuwenden und aufzupassen, dass wir nicht in alte Verhaltensmuster verfallen.

Die Zeichen, dass Praxis wirkt

Tut eine Mitarbeiterin oder ein Mitarbeiter von uns etwas, das uns kränkt (und das kommt häufig genug vor), reagieren wir normalerweise verletzt und verteidigen uns. Wir konzentrieren uns auf die Frage, was an der Situation schiefgelaufen ist oder was die Person falsch gemacht hat. Und wenn unsere Analyse in einem gewissen Maß auch ihre Berechtigung haben mag, für unsere Praxis zählt, wie wir reagieren. Wie gelingt es uns, nicht mehr mit »Man hat mich verletzt!« zu reagieren, sondern mit »Ich fühle mich verletzt«? Es fällt uns nicht leicht, uns von unserem selbstgerechten und wohlvertrauten Ärger zu befreien. Um dies zu bewerkstelligen, müssen wir uns unseren Körperwahrnehmungen zuwenden und aus ihnen heraus empfinden. Und haben wir erst einmal unser Gewahrsein hier platziert, bedarf es keiner Anstrengung mehr, wir spüren einfach.

Gedanken wie »Er hat mich gekränkt« oder »Du hast mich verletzt« sind für uns Signale, dass es an der Zeit ist zu üben. Doch wie schaffen wir es, das »Du« und das »Mich« loszulassen und uns einfach dem Schmerz zuzuwenden, den wir in uns tragen? Dieser Schmerz ist unser Lehrer. Unseren Ärger loszulassen, wenn wir uns mitten in ihm befinden, bedarf einer immensen Anstrengung. Die wenigsten von uns sind in einer solchen Situation dazu in der Lage, denn oft stecken wir in unserer Angriffshaltung fest, auch wenn wir der Überzeugung sind, wir würden angegriffen. Unser »System« ist bereit, schnell zu reagieren. Doch oft genügt ein kurzer Moment des Innehaltens, damit wir uns nach und nach von dieser Angriffshaltung lösen und zu einer ruhigen und präsenten Einstellung finden, die uns erlaubt, auf mitfühlendere und passendere Weise zu reagieren.

Das Wunder der regelmäßigen Praxis liegt darin, dass sie unsere Angriffs- oder Verteidigungshaltung bereits im Vorfeld schwächt, also bevor wir in eine so aufreibende Situation geraten. So sind wir, wenn wir uns verletzt fühlen oder mit Ärger konfrontiert sehen, eher in der Lage, innezuhalten und zu praktizieren. Wir können schneller in die Wirklichkeit zurückkommen. Wir empfinden es nach wie vor als Angriff des Lebens, aber wir können wahrnehmen, was wir empfinden, und uns wieder dem zuwenden, was in uns passiert. Die Kraft, dies zu tun, ist die Frucht langer Praxis.

Das eigene Leid bezeugen

Unsere Praxis ist immer dann besonders schwierig, wenn wir glauben, dass uns jemand wehtut; wir sind verletzt und möchten nicht nachgeben. Und genau in diesen Augenblicken des größten Schmerzes ist die Praxis am hilfreichsten. Mit ihr entwickeln wir einen inneren Zeugen, eine Methode, uns auf den Teil von uns zu stützen, der in der Lage ist, die leere Natur aller Phänomene zu erfassen. Diese Fähigkeit stärken wir im Laufe der Jahre der Praxis, bis sie irgendwann das Ruder übernehmen kann – immer schneller und mit stets geringerer Anstrengung. Schließlich wird das ein Dauerzustand. Und je besser es uns gelingt, Zeuge all dessen zu sein, desto mehr wächst auch die uns innewohnende Gabe zu erleben.

Möglicherweise glauben wir, unser Leben sei einfacher gewesen, als wir noch nicht bemerkten, wie ärgerlich oder ängstlich wir sind. Mit der Praxis spüren wir dieses Verletztsein mehr, aber wir sind uns des Leids auch bewusst. Wir bezeugen es und können mit ihm sitzen. Und wenn wir das tun, fügen wir uns selbst und anderen weniger Leid zu. Unsere Anspannung lässt nach, und wir beginnen, neben den Schmerzen Anstrengungslosigkeit zu erfahren.

Anstrengung bedeutet nicht automatisch, sich zu widersetzen. Es gibt einen Unterschied zwischen der Anstrengung, die wir in der Praxis oder etwa bei der Arbeit an den Tag legen, und jener, die es uns kostet, uns gegen jemanden, den wir nicht mögen, zu wehren. Es steht außer Frage, dass es nicht einfach ist, in eine stabile Praxis, Tag für Tag, hineinzufinden. Immer wieder müssen wir uns bewusst machen, was wir uns im Leben am meisten wünschen und was wir tun, um es zu erreichen. Das ist beschwerlich. Doch wenn wir dann im Erleben angekommen sind und einfach nur sind, wird es mühelos.

Was ist Praxis?

Wenn du das Heilige liebst und das Gewöhnliche verachtest, treibst du nur immer weiter auf dem Meer der Verblendung.
Zen-Meister Rinzai

Manche sagen, Zen-Praxis würde nicht funktionieren. Nun, natürlich funktioniert sie nicht. Das Einzige, was funktioniert, sind wir selbst. Unsere Praxis ist unser Selbst, das durch die jahrelange achtsame Übung zu reinem Gewahrsein wird. Es handelt sich dabei nicht um eine Strategie oder Methode, die wir Büchern entnehmen und anwenden, es ist schließlich keine Gymnastik.

Bei der Praxis geht es darum, unser Gewahrsein, so gut wir können, auf das zu richten, was im gegenwärtigen Augenblick ist – also um die Achtsamkeit, die wir dem Moment entgegenbringen. Wir bemühen uns, so ehrlich wie möglich wahrzunehmen, was gerade in uns vorgeht, und dies schließt auch all jenes ein, das wir nicht mögen. Wir sind uns der Gedanken und Impulse, die uns einreden, was wir lieber hätten, bewusst. Im Endeffekt geht es beim Üben darum zu erleben, was in unserem Körper sowie unserem Wesen vor sich geht, darum, darin zu verweilen und zu ruhen. Praxis bedeutet, dies Tausende Male zu tun, immer und immer wieder, bis es sich selbst verschleißt. Wir sind die Freude, die Liebe und das Mitgefühl des gegenwärtigen Augenblicks, ganz gleich, wie es von außen wirken mag.

Dank der Praxis leben wir ein Leben, das uns sinnvoll erscheint und harmonisch ist. Damit meine ich nicht, dass es zuckersüß ist, denn das ist sicher nicht der Fall. Aber die Praxis stärkt unser Wohlbefinden wie das der anderen. Üben bedeutet, aufmerksam zu sein. Je mehr wir praktizieren, desto größer wird das Verständnis – nicht nur unserer selbst, sondern auch dessen, wie das Leben funktioniert und wie die Dinge mehr oder weniger ablaufen. Erreichen wir das, empfinden wir unser Leben eher als befriedigend. Im Grunde mögen wir es, wenn unser Leben einen Sinn hat.

Das Sitzen gehört zur Praxis dazu. Es mag langweilig wirken und sehr gewöhnlich. Aber das Gewöhnliche ist nur ein Ausdruck des Heiligen. Zwischen beiden gibt es keinen Unterschied, beides ist absolut ein und dieselbe Sache. Ob Sie den Motor Ihres Autos reparieren, mit einem Freund oder einer Freundin einen Spaziergang machen oder Klavierstunden nehmen, jede einzelne Handlung ist, sofern man dabei gewahr ist, sowohl gewöhnlich als auch heilig. Wenn wir diese Nicht-Dualität zwischen Alltäglichem und Sakralem sehen, ohne uns dies nur einzureden und uns innerlich zu verbiegen, lernen wir eine Freude kennen, die sowohl die angenehmen als auch die unerwünschten Erlebnisse durchdringt.

Unser Leben ist eine einzige Aneinanderreihung von Erfahrungen: Nach dem Aufstehen und während ich durch den Tag gehe, ist es, als hake ich eine Sache nach der anderen ab. Und, seien wir ehrlich, auf die meisten Dinge reagieren wir innerlich etwas verkrampft, zum Beispiel mit: »Ich mag dies, aber das mag ich nicht«, oder: »Das ist mir egal.« Das Gleiche gilt für die Leute, denen wir begegnen: »Ich mag sie«, »Ich mag sie nicht«, oder: »Ich habe mir über sie noch keine Gedanken gemacht.« Insbesondere auf die Aufgaben, die uns erwarten, reagieren wir mit: »Das möchte ich nicht tun, das passt nicht zu mir«, oder mit: »Das ist okay für mich, das mache ich gern.« Es ist, als säße ein kleiner Richter in uns, der allem mit erhobenem Zeigefinger droht. Und so leben wir unser Leben nicht wirklich, sondern sind stets bemüht, es uns so einzurichten, dass es diesem inneren Richter gefällt. Wir können weder unsere Erfahrungen genießen noch die anderen Menschen, weil diese Kontrollinstanz in unserem Kopf und das Gebräu der Emotionen unser Leben bestimmen. Die Praxis ermöglicht es uns, jeden einzelnen Augenblick unseres Lebens – einen nach dem anderen – ohne Urteil oder Manipulation zu erleben, ohne den Versuch, ihn zu verbessern, an ihm festzuhalten oder vor ihm wegzurennen. Angenommen, ich bin ein ruhiger Mensch und treffe eine Person, deren Naturell laut und ausgelassen ist. Meine erste Reaktion ist vielleicht: »Ich mag sie nicht.« Dieses Urteil lässt mich bereits den Rückzug antreten. Das Einzige, was uns bewusst ist, ist die Tatsache, dass wir reagieren, und manchmal ist uns nicht einmal dies bewusst – wir handeln einfach. Wir reagieren und reagieren, wahrscheinlich tausend Mal am Tag, annähernd ununterbrochen. Die meisten von uns werden sich dessen nur dann bewusst, wenn die Reaktionen besonders stark ausfallen: wenn uns jemand besonders kritisiert, wenn wir bei einem Test durchfallen oder wenn wir uns darauf gefreut haben zu verreisen, es aber nicht können, da wir krank geworden sind. (Mir ging es letzthin so.)

Das sind die Situationen, in denen wir bemerken, dass wir kontinuierlich urteilen, und die Gelegenheit haben, uns dieses ständige Werten anzuschauen. Auch die tägliche Meditation bietet uns die Chance zu sehen, wie unser Geist funktioniert.

Effektive Praxis

Wenn wir mit der Praxis weitermachen, beginnen wir unsere Gedanken weniger leidenschaftlich zu betrachten, und das bedeutet, dass wir sie »benennen«. Auch wenn das unangenehm oder schmerzhaft und manchmal etwas dumpf ist, ist es doch der Weg, etwas Wichtiges zu verstehen. So treffe ich beispielsweise fast nie jemanden, ohne ihn oder sie zu beurteilen. Das geht uns allen so. Gewahrsein hilft mir, mir dieser meiner Tendenz im Umgang mit anderen deutlicher bewusst zu sein. Und dieses Bewusstsein führt mit der Zeit zu einer Veränderung, es ermöglicht uns, ein etwas sanfterer Mensch zu werden. Wir versehen die anderen nicht mehr so schnell mit einem Etikett und bewerten sie weniger. Dies ist ein Zeichen für die Wirksamkeit des Übens.

Zu einer wirksamen Praxis gehören zwei Aspekte. Der eine ist tägliches Sitzen. Solange wir nicht bereits, sagen wir, fünfundzwanzig, dreißig oder mehr Jahre meditieren, kommen wir darum nicht herum. Wir brauchen es alle. Es ist die Disziplin, die sehr wirkungsvoll unsere Aufmerksamkeit schult.

Der andere Aspekt einer effektiven Praxis besteht in unserem Geschick, auch außerhalb der sitzenden Praxis in jedem einzelnen Augenblick mit Gewahrsein durchs Leben zu gehen. Zuerst ist diese Fähigkeit unter Umständen noch kaum vorhanden, doch je länger wir üben, desto mehr entdecken wir den Unterschied zwischen einem achtsamen Leben und einem, in dem wir in unseren Tendenzen gefangen sind. Konkret fällt uns vielleicht einmal pro Stunde auf, dass wir in einem Muster feststecken. In Wirklichkeit tun wir das viel häufiger, doch wir sind es gewohnt, nicht so genau hinzuschauen.

Schließlich stellen wir möglicherweise fest, dass es zwei Tage dauern kann, bis wir eine Kränkung verdaut haben, je nachdem, wie sehr sie uns getroffen hat. Manche Menschen brauchen dafür auch Monate. Bei anderen, die auf Fehden stehen, dauert es vielleicht sogar zwanzig Jahre. Schließlich kann ein Zwist über hundert oder dreihundert Jahre von Generation zu Generation weitergegeben werden, wie etwa im Fall jener Länder, die einander über Jahrhunderte bekriegen. Die Überzeugung, dass sie im Recht und die anderen im Unrecht sind, ist so stark, dass sie sie gar nicht mehr hinterfragen.

Die Weisheit des Körpers

Wenn wir sitzen, entwickeln wir echtes Körpergewahrsein. In der Bibel (*Lukas* 17, 21) steht: »Das Reich Gottes ist mitten unter euch«. Ich glaube, damit ist nicht gemeint, dass die Erleuchtung irgendwo in einer kleinen versteckten Ecke sitzt, sondern dass das Erwachen in uns liegt, in jeder einzelnen Zelle unseres Körpers.

Mit der Meditation werden wir uns bewusst, wo wir im Körper unsere Emotionen festhalten und wo unsere sensiblen Punkte liegen. Das ist nichts, was wir verstandesmäßig ergründen könnten, und wenn wir sechs Doktortitel hätten. Vielleicht macht der Verstand die Sache sogar noch komplizierter. Einfachheit bei der Meditation ist hilfreich. Philosophie und Bücherwissen haben ihre Berechtigung, doch bevor Sie dort nach einer Antwort suchen – und nicht finden werden –, müssen Sie in sich selbst eintauchen. Das traditionelle westliche Denken behauptet oft, im Körper liege keine Weisheit, aber das Gegenteil ist der Fall, er beherbergt sehr viel davon. Fühlen wir uns zum Beispiel bedroht, reagiert der Körper schon lange, bevor die betreffende Nachricht das Gehirn erreicht. Für unser Überleben ist nicht etwa der Verstand das Ausschlaggebende, sondern die uns angeborene Intelligenz, die in unserem Körper zu Hause ist.

Praxis bedeutet, immer wieder zu dieser zurückzukommen, den ursprünglichen Schmerz zu empfinden, also den

Ärger oder welches Gefühl auch immer wir gerade zu verbergen suchen. Als Menschen ist uns danach, all dies zu verdecken, um es nicht spüren zu müssen. Wer möchte sich schon abmühen, nur um etwas Unangenehmes zu empfinden? Wenn Sie so sind wie ich, dann haben auch Sie Ihre Strategien, es zu verstecken. Doch je länger wir praktizieren, desto schneller erkennen wir, was wir da tun.

Uns nicht mehr abwenden

Irgendwann kommen wir an den Punkt, an dem wir begreifen, wie unbefriedigend es ist, die eigenen Emotionen zu überdecken. Nehmen wir an, wir haben ein neues Auto gekauft. Kaum haben wir es, schon beginnen die Sorgen: Kommt uns zum Beispiel auf dem Parkplatz jemand zu nahe, folgt gleich die Reaktion: »Kommen Sie mir nicht zu nahe!« Der kleinste Kratzer wird zum Desaster, jeder Aspekt unserer Neuanschaffung wird zu einer Quelle von Sorgen, einschließlich der Tatsache, dass die Versicherung teurer ist als beim alten Auto. Dank der Praxis beginnen wir zu verstehen, dass uns nicht die äußeren Dinge zufrieden machen – nicht die materiellen Güter, nicht unsere Beziehungen und keine noch so große Geldsumme werden unser gesamtes Leben verbessern.

Doch auch wenn wir sitzen und aufmerksam sind, regeln sich die Dinge nicht sofort. Einen großen Teil der Zeit dümpelt die Praxis so vor sich hin. Sie scheint verwirrend, chaotisch und entmutigend. Davon ist jede gute Meditationspraxis zumindest zeitweise gekennzeichnet, denn sie besteht im Grunde aus dem Kampf, das Wesen unserer Erfahrung zu verstehen. Manchmal tobt dieser Kampf sehr heftig. Auf keinen Fall ist es eine leichte und friedliche Reise.

Und der Haupteffekt unserer Praxis scheint noch schlimmer: All die Dinge, von denen wir einmal glaubten, sie würden uns glücklich machen, enttäuschen uns immer mehr. Die Sachen sind in Ordnung, aber unser An-ihnen-Haften wird geringer und damit auch das Bedürfnis, das wir nach ihnen verspüren.

Je mehr wir praktizieren, desto weniger wenden wir uns vom Erleben der Realität ab und desto intensiver erfahren wir unser Leben. Wir beginnen zu sehen, wer wir sind, und das ist nichts Magisches, sondern äußert sich ganz konkret: Im Laufe der Zeit erkennen wir, wie wir mit Körper und Geist auf die Dinge, die wir erleben, reagieren. Und dann wenden wir uns dem Nächsten zu. Es führt nicht zu mehr Vollkommenheit, sondern zu mehr Freiraum und Frieden. Wir sind wacher und erfahren unser Leben mehr. Dies sind die Früchte einer wirksamen Übung.

Was wir im Körper festhalten

Strecken Sie den Arm nach vorn, und spannen Sie ihn an, so gut Sie können, jeden Muskel. Dann entspannen Sie alles, allerdings ohne den Arm fallen zu lassen. Lassen Sie alle Spannung los außer der, die nötig ist, um den Arm oben zu behalten. Atmen Sie dreimal langsam ein und aus. Dann führen Sie den Arm nach unten, machen eine kleine Pause und wiederholen das Gleiche mit dem anderen Arm. Spannen Sie jetzt die Gesichtsmuskeln an, schließen Sie die Augen, und spannen Sie sie an, so gut Sie können. Stellen Sie sich vor, Sie seien besorgt, aufgebracht oder wütend.

Genau wie zuvor beim Arm entspannen Sie nun die Muskeln im Gesicht, ohne Ihre Miene zu verändern (es wird wieder genauso verschrumpelt wie zuvor). Lassen Sie alle zusätzliche Anspannung los. Spüren Sie, wie sich das anfühlt. Nehmen Sie die Geräusche draußen deutlicher wahr? Oder sonst etwas?

Sehr selten ist unser Körper nur dort angespannt, wo es für unsere Haltung oder Bewegung nötig ist. Versuchen Sie, ihn im Laufe des Tages zu beobachten. Wenn Sie zwischen zwei Aufgaben kurz Zeit haben, spüren Sie in ihn hinein, und schauen Sie, wo er – mal fast unmerklich und dann wieder deutlich spürbar – verspannt ist.

Natürlich brauchen wir bei unseren alltäglichen Verrichtungen eine gewisse Körperspannung. Wenn wir gerade eine Tasse Kaffee in der Hand haben und beschließen, alle Muskeln loszulassen, führt dies nur zu unnötigen Scherben und Flecken auf dem Teppich. Auch beim Sitzen bedarf es einer gewissen Muskelspannung, da wir sonst umkippen. Nur wenn wir flach auf dem Rücken liegen, können wir alles völlig entspannen.

Ein zusätzliches Gesicht

Eigentlich könnte das Leben ganz einfach sein: Wir tun, was zu tun ist. Doch stattdessen fügen wir andauernd zusätzliche Anspannung hinzu. Wenn wir innehalten und unser Gesicht spüren, merken wir zumeist, dass es nicht ganz entspannt ist. Diese Anspannung ist unnötig. Unser Gesicht ist, wie es ist, wir brauchen kein anderes. Wie Meister Lin-ji der Rinzai-Zen-Tradition einmal sagte: »Ihr braucht über eurem Kopf keinen weiteren hinzufügen.«

Fast nie belassen wir es bei der wirklich notwendigen Anspannung. Selbst wenn Sie Ihre automatisch ablaufenden Muster nicht kennen, wissen Sie wahrscheinlich genau, wie sie sich anfühlen. Unsere unbewussten Gewohnheiten und Reaktionen führen zu Verspannungen im Körper, und das macht uns manchmal sogar krank.

Im Zen geht es immer um den jetzigen Augenblick. Und unsere Praxis dient dazu, den Erfordernissen des Lebens entsprechen zu können, statt immer unseren persönlichen Plänen und Sorgen zu folgen, wie es zu sein hätte, also all dem »Ich will dies«, »Ich bin wegen der Sache aufgeregt«, »Vielleicht läuft das Meeting nicht gut«, »Vielleicht komme ich nicht gut an«. Jedes Mal, wenn wir einen solchen Gedanken haben, führt das zu Anspannung in unserem Körper. Ein solcher Gedanke, und schon durchzuckt uns diese Spannung, mehr und mehr. Das ist nur menschlich. Doch je weniger wir das Leben in die Bahnen lenken wollen, die es unserer Meinung nach nehmen sollte, desto mehr lösen sich die Spannungen und wir erleben zunehmende Freiheit: Je reifer unsere Praxis wird, desto mehr lassen wir auch körperlich los. Bei mir hat es allerdings Jahrzehnte gedauert, bis der Körper zumindest den größten Teil der Zeit ganz natürlich entspannt war.

Wenden Sie sich dem Körper zu. Die Gedanken sind ohnehin repetitiv, sie drehen sich endlos im Kreis. Sie verlieren gar nichts, wenn Sie sie mal einen Moment lang loslassen. Die kommen schon wieder, keine Sorge.

Den Schmerz transformieren

Unsere Schwierigkeiten sind ein wichtiger Teil unseres Lebens, ermahnen sie uns doch, aufmerksam zu sein. Wenn wir einen schweren Schlag erleben, ist es, als ginge ein Ruck durch unseren Körper. Es ist unangenehm. Doch diese erste Erfahrung vermischt sich mit unseren Sichtweisen, Urteilen und Sorgen darüber, wie es eigentlich sein sollte.

Jemand, der nicht lange zuvor mit der sitzenden Praxis begonnen hatte, kam einmal zu mir und beklagte sich: »Das Üben führt nicht dazu, dass ich mich gut fühle.« Wenn wir etwas suchen, das uns Wohlbefinden schenkt, ist unsere Übung sicher keine große Hilfe. Doch wenn wir das Leidvolle erfahren, ohne immer wieder darüber nachzudenken, transformiert es sich. Nichts bleibt für immer schmerzhaft. Und lassen wir uns voll und ganz auf das Gefühl und die Herausforderungen ein, gehen sie schneller wieder. Sie werden schwächer. Ein großer Teil unseres Schmerzes kommt schlicht daher, dass wir unser Leid nicht spüren wollen.

Wenn Sie es schaffen, Ihren Verstand aus dem Weg zu nehmen, kann das Leid sich allmählich auflösen. Es löst sich und verschwindet einfach. Das verändert das Leben. Allerdings bedarf es viel täglichen Sitzens, um den Mut, diese Aufgabe zu bewältigen, nicht zu verlieren. Dank dieses Muts, der Disziplin und der kontinuierlichen Ausdauer beim regelmäßigen Üben bildet sich in uns die Fähigkeit aus, unser wahres Leben zu erfahren.

Doch wie lassen wir uns voll und ganz auf das Leiden ein? Wir bleiben, solange wir können, mit der unmittelbaren Erfahrung. Vielleicht schaffen wir es zunächst nur zwei oder fünf Sekunden lang und schweifen wieder ab – und zwar schon allein deswegen, weil wir wegdriften wollen. Doch wenn wir jeden Tag sitzen, gelingt es uns, länger dabeizubleiben, und unter Umständen stellen wir irgendwann überrascht fest, dass wir uns bereits für zehn oder dreißig Sekunden darauf eingelassen haben. Wenn wir es so lange schaffen, öffnet es uns die Tür zu einer anderen Welt. Ob wir es tun oder nicht, ist allerdings keine Frage von Tugend, keine Frage des »gut« oder »schlecht«. Wir tun einfach, was wir können, zu mehr sind wir ohnehin nicht in der Lage. Und nichts von all diesen Bemühungen ist verschwendete Energie, zumindest sofern wir ihrer gewahr sind.

Gedanken und Empfindungen

Niemand leidet gern. Doch zu glauben, es gäbe einen anderen Weg als die Brücke der Praxis, um das Meer der Täuschung zu überqueren, ist reine Träumerei. Und wir Amerikaner sind Meister der Illusion. Unsere gesamte Kultur basiert auf dem Versuch, unsere Wirklichkeit zu verändern. Sie fühlen sich von etwas verletzt – nun, dann kaufen Sie sich doch einfach ein neues Kleid! Ihr Partner tut etwas Unangenehmes? Nun, dann suchen Sie doch einfach einen anderen! Sie haben körperliche Schmerzen? Nehmen Sie eine Pille! Wir haben Dutzende von Methoden, Leiden zu verdecken. Und da wir in einer Gesellschaft des Überflusses leben, sind diese Methoden im Allgemeinen für uns weitaus besser verfügbar als für Menschen in früheren Kulturen oder in weniger wohlhabenden Ländern.

Selbst als Praktizierende reagieren wir auf unseren Schmerz häufig mit: »Es ist so furchtbar, ich leide so sehr, und das darf nicht sein. Und oh ja, ich erfahre das.« Dies ist keine Erfahrung, es sind Gedanken. Wenn wir aber diese Gedanken nur benennen und uns mit der Körperempfindung verbinden, schaffen wir Abstand zu ihnen; wir erkennen, dass sie nichts als Bewegungen im Geiste sind. Uns wird klar, was der Unterschied zwischen der eigentlichen Erfahrung und dem bloßen Nachdenken darüber ist. Wenn jemand meine Gefühle verletzt, spanne ich Gesicht oder Körper an. Bleibe ich mit dieser Empfindung, merke ich möglicherweise, dass es zwischen dem Empfinden und dem Über-etwas-Nachdenken einen Unterschied gibt – und dies ist der Weg, den wir gehen müssen, um unsere Qualen zu lindern.

Ich benutze bewusst das Wort »Qualen«, da es die meisten als solche empfinden, wenn sie in den vom Verstand geprägten Widerständen gegen die Realität gefangen sind. In dem Sinn, in dem ich das Wort gebrauche, sind die konkreten Empfindungen selbst hingegen frei von Qualen, da reine Empfindungen keine Gedanken beinhalten. Und hierin liegt der entscheidende Unterschied.

Wir sitzen jeden Tag, denn so kultivieren wir unsere Fähigkeit, Gedanken und Empfindungen voneinander zu trennen. Für die meisten, die nicht üben, ist dies fast unmöglich, denn sie wissen nicht, was es bedeutet, nur in der Erfahrung zu verweilen. Sie sind nicht in der Lage, zwischen ihrem Erleben und den Reflexionen über die anderen, über das, was geschehen ist und was mit alldem nicht stimmt, zu unterscheiden. Das ist das Drama. Wenn Sie nicht täglich sitzen, tun Sie sich damit wirklich keinen Gefallen, denn es ist die

Praxis, mittels derer sich das Vermögen, diese Unterscheidung vorzunehmen, ausbildet.

An manchen Tagen kann unsere Meditation einfach und klar sein. Ich habe den Gedanken, dann den und den, und dann wieder den. Ich komme einfach immer zu dem zurück, was sich zeigt. Ich tue es in jedem Augenblick neu. Im Inneren verändert sich etwas, eine Reifung vollzieht sich, sodass wir, wenn dann in unserem Leben wirklich etwas geschieht, dem mit unserer Praxis begegnen können.

Jemand, der oder die nicht regelmäßig praktiziert, glaubt möglicherweise, er oder sie hätte es mit Qualen zu tun. Doch stattdessen handelt es sich um Körperempfindungen in Kombination mit den eigenen Gedanken.

Wenn wir uns zuerst die Gedanken anschauen und dann mit den Körperempfindungen verweilen, können wir nicht von »Qualen« sprechen. Stoße ich mir die Hand, ist das schmerzhaft. Doch erst durch den inneren Kommentar »Ist das nicht furchtbar? Wissen Sie, das hätte mir nicht passieren dürfen!« wird es quälend. Ansonsten ist es einfach, was es ist. Natürlich kümmere ich mich darum und versuche, die schmerzhafte Empfindung zu lindern. Doch sie quält mich nicht.

Alle praktizieren

Viele Menschen tun etwas, das sie Meditation nennen. Da das Wort Hunderte von Bedeutungen hat, ist es wichtig, genau zu verstehen, worin sie genau besteht, andernfalls haben wir vielleicht nicht den Mut, damit zu beginnen und uns den Bereichen in uns zu stellen, die wir nicht empfinden möchten.

Alle praktizieren, wenn vielleicht auch nicht im Sitzen. Zwischen der Meditation und dem Schrubben des Küchenbodens gibt es keinen Unterschied. Damit meine ich, dass wir, wenn wir wirklich putzen, im gegenwärtigen Augenblick vollkommen präsent sind. Ich spreche also von etwas, das uns hilft, in den jeweiligen Moment zurückzukommen. Meditation findet nicht nur im Sitzen statt, sondern in jedem Augenblick des Tages.

Manchmal möchten wir nicht sitzen, weil wir wissen, dass dabei viele Empfindungen auf uns warten, die uns, wie wir glauben, andernfalls erspart blieben. Doch nur wenn wir regelmäßig üben, ob wir es mögen oder nicht, kultivieren wir in uns den Raum, der alle unsere Gefühle in sich aufnehmen kann.

Die sitzende Praxis ist unsere beste Freundin. Sie wollen sich etwas/einen Aspekt Ihrer selbst nicht anschauen? Vielleicht glauben Sie, Sie seien einfach nur furchtbar. Aber Ihre beste Freundin umkreist Sie mit einem Spiegel und sagt fortwährend: »Schau hier, schau!« Einer, die einem so auf den Fersen ist, entkommt man nicht. Sie rennen davon, doch sie holt Sie ein. Natürlich wollen Sie all dem entfliehen. Die Konditionierung will nichts anderes, als gut dazustehen und allem, was ihr auch nur annähernd bedrohlich erscheint, aus dem Weg zu gehen.

Wenn Sie nicht üben wollen, dann gehen Sie einfach zu dem Ort, wo Sie normalerweise sitzen, bleiben Sie dort einen Moment stehen und achten Sie auf die Gedanken, die Ihnen durch den Kopf gehen. Spüren Sie die Körperempfindungen. Sollten Sie dann immer noch nicht sitzen wollen, lassen Sie es an diesem Tag. Kehren Sie aber zumindest einmal am Tag zu Ihrem Meditationsplatz zurück und meiden Sie ihn nicht. Irgendwann werden Sie vielleicht einfach müde und setzen sich.

Konzentration erlaubt es Ihnen, wirklich da zu sein

Wenn wir Widerstände gegen die sitzende Praxis haben, ist es manchmal hilfreich, mit einer Konzentrationsübung zu beginnen. So können Sie zum Beispiel Ihre Atemzüge zählen oder, sofern Sie mit der Arbeit mit Koans vertraut sind, über das Koan Mu reflektieren. Oder Sie können ein Mantra rezitieren, wenn Sie ein solches kennen. All dies hilft, den Geist zu fokussieren, indem Sie die Welt ausblenden, und das führt zu etwas mehr innerer Stabilität.

Wenn wir einen besonders schwierigen Moment der Praxis durchleben oder einfach nicht zur Ruhe kommen, können wir die Atemzüge zählen. Zählen Sie zehn Atemzüge, ohne den Fokus zu verlieren. Die meisten von uns bekommen das schlicht nicht hin. Aber Vorsicht: Wenn Sie glauben, Sie könnten bis zehn zählen, betrügen Sie sich selbst. Es zeigt, dass Sie nicht die absolut klare Konzentration aufrechterhalten wollen, die sichtbar werden lässt, dass Ihr Geist denken und wandern will. Daran ist nichts Falsches, aber es ist wichtig, es zu bemerken. Wenn Sie die Übung wirklich ehrlich ausführen, ist es schon ziemlich gut, bis drei zu kommen.

In einer schwierigen Praxissituation ist das Zählen der Atemzüge während der ersten Minuten des Sitzens unter Umständen nützlich. Wir sollten dies aber nicht während der ganzen Sitzung beibehalten, denn sonst finden wir nicht in das Gewahrsein der ganzen Erfahrung von Körper und Geist, das wir mit dem Üben ja kultivieren wollen. Während es also kurz praktiziert durchaus nützlich ist, kann ein direktes Fokussieren wie das Zählen uns davon abhalten, uns voll und ganz dessen bewusst zu sein, was sonst in uns vorgeht. Wir sollten es daher nicht zu lange tun.

Entspannte Konzentration erlaubt es uns, wirklich anwesend zu sein – wo immer wir gerade sind. Dank ihrer können wir Gewahrsein entwickeln, und das ist nicht möglich, wenn wir noch mit etwas anderem beschäftigt sind. Das ist auch der Grund, warum ich so viel von der Arbeit mit der Konditionierung spreche, dem psychologischen und emotionalen Aspekt des Übens. Den größten Teil unseres Lebens verbringen wir damit, etwas zu tun, das wir »Leben« oder »Praxis« nennen, bei dem wir uns aber in Wirklichkeit nur unserer Konditionierung widmen. Der Zen-Priester Yasutani erzählt die Geschichte eines Schülers, der sich darüber beklagte, dass man sich vor dem Buddha auf dem Altar verneigte. Seiner Ansicht nach zeuge dies von einer falschen Sichtweise. Der Roshi entgegnete: »Ich sorge mich nicht so sehr um den Buddha auf dem Altar, sondern um die Tatsache, dass du dich vor dem falschen Buddha in dir verneigst.« Damit meinte er die falsche Konditionierung, die wir alle in uns tragen und vergöttern.

Über Trauma und Haltung

Körper und Selbst sind untrennbar, zwischen ihnen besteht kein Unterschied. Unser Körper spiegelt unser Selbst. Wenn wir sitzen und unseren Körper in die Praxis einbeziehen, entwickeln wir auch die Fähigkeit, mit unserem größten Trauma zu arbeiten. Und die Art, wie wir meditieren, kann den Heilungsprozess entweder behindern oder fördern.

Sitzen umfasst ein gewisses Setting, auf das wir uns einlassen, weil es hilfreich ist und uns wachsamer werden lässt. Dazu gehört die richtige Körperhaltung. Sie ist kein Selbstzweck und dient nicht dazu, schick auszusehen. Es geht darum, aufrecht und in guter Balance zu sein, damit wir zu einem Gefäß für alles werden, das sich zeigt. Wir neigen dazu, unser Leben zu verstecken. Beim Sitzen findet das seinen körperlichen Ausdruck darin, dass wir in uns zusammensacken, manchmal ganz offensichtlich und manchmal fast unmerklich.

Dies ist der körperliche Ausdruck unserer Konditionierung. Wir sitzen deswegen aufrecht, weil wir so nicht mehr in der gleichen Weise an unserer Konditionierung festhalten können, denn sie ist an ihre körperliche Manifestation gekoppelt. Ein Mittel, um uns an die Konditionierung zu klammern, ist, unseren Körper in sich zusammensacken zu lassen, und so wollen wir diese zusammengekauerte Haltung nicht aufgeben, obwohl sie uns doch im Elend hält. Auch sie ist wieder nichts anderes als eine Strategie, um nicht in den Spiegel schauen zu müssen, den uns die Freundin hinhält und der uns sagt: »Wach auf, werde wach und bleibe wach«, wobei er uns wohlgemerkt nicht vorschreibt, wie wir zu sein haben.

Die Würde der Stille

Versuchen Sie, beim Meditieren still zu sitzen. Wir tun das nicht, damit die anderen sich nicht beschweren, und wackeln dabei auch nicht heimlich und unbemerkt mit den Zehen. Ich meine damit, dass es wichtig ist, wirklich still und ohne Anspannung oder Rigidität zu sitzen. Sitzen Sie einfach still, denn so schaffen Sie einen Raum, in dem jede einzelne Bewegung des Körpers und des Geistes deutlich wird. Dieser Ruhezustand ist wie das Polieren des Spiegels: Sie sehen Dinge dann klarer.

Haben Sie Schmerzen, dann bewegen Sie sich bitte auf jeden Fall. Ein leichtes Unbehagen ist Ihr Freund, denn es hält Sie wach, doch wenn es wirklich schmerzhaft wird, wechseln Sie einfach langsam und ruhig in eine andere Stellung. Sie tun Ihr Bestes – das ist alles. Manche von uns haben mehr körperliche Probleme als andere. Das ist normal. Wenn das hilfreich ist, können Sie sich auch flach auf den Rücken legen und so meditieren. Das Sitzen sollte kein Wettstreit in Ausdauer werden. Niemand belohnt Sie mit Brownies, wenn Sie perfekt, aber angespannt für eine gewisse Zeit sitzen. Sitzen Sie so, wie es Ihnen guttut, doch finden Sie eine Haltung, in der Sie würdevoll in Stille sitzen.

Gute Praxis zerstört sich selbst

Die Disziplin und das Setting der sitzenden Praxis erlauben es uns, in der Würde der Stille zu meditieren. Doch wir haben Lust, über jemanden nachzudenken oder uns wieder unseren Strategien zuzuwenden: Einfach nur ruhig und still dazusitzen ist möglicherweise das Schwierigste, das wir je getan haben.

Meditation folgt keinem Nullachtfünfzehn-Schema. Oft wissen wir noch nicht einmal, was wir tun, wenn wir sitzen. Und dennoch zeigen sich alle möglichen Dinge. Kleine Büschel von diesem und von jenem, sonderbare Dinge fließen vorbei. Manchmal scheinen wir verwirrt zu sein, manchmal klar. All dies ist Teil des außergewöhnlichen Prozesses der Öffnung und somit sehr wertvoll. Und schließlich beginnen wir zu spüren, worum es bei alldem geht.

Im Sitzen kommt alles hoch. Wenn wir länger sitzen, gibt es keinen Aspekt unseres Lebens, der sich nicht irgendwo und irgendwie zeigt. Ich glaube, wir kommen um diese schwierigen Aspekte nicht herum. Damit meine ich die langen Perioden der Übung, in denen wir in gewisser Weise nichts anderes tun, als zu praktizieren. Möglicherweise kommt es uns so vor, als würde nichts geschehen, in Wirklichkeit aber werden wir stärker. Zuerst sind wir wie Schwimmanfänger – schon nach der ersten Bahn sind wir erschöpft. Doch ein erfahrener Schwimmer zieht eine Bahn nach der anderen, und mit dem Training kommen auch die erforderlichen Muskeln. Wenn wir in der Meditation ähnlich ausdauernd sind und jeden Tag sitzen, gewinnen wir an Kraft. Diese hilft uns in Situationen, in denen das Leben schwierig wird, denn wir wissen dann, was zu tun ist. All dies kann sowohl Spiegel als auch eine Vermeidungsstrategie sein. Man kann alles missbrauchen, die korrekte Haltung genauso wie eine gebückte, sogar die Stille – nämlich dann, wenn wir uns auf die absolute Ruhe konzentrieren, um nichts anderes mehr bemerken zu müssen. Das stille, aufrechte Sitzen war eines der Dinge, die mir am meisten geholfen haben, meiner Konditionierung und ihrer körperlichen Manifestation gewahr zu sein. Achten Sie also darauf, dass der Spiegel seinen festen Platz in Ihrer Praxis findet.

Schauen wir uns das Üben genau an, wirkt es vielleicht sehr selbstbezogen, so als wollten wir etwas erreichen. Doch eine gute Praxis, die wir mit entsprechendem Gewahrsein praktizieren, genügt sich selbst. Dennoch geschieht etwas: Die Illusionen, die uns dazu gebracht haben, überhaupt mit ihr zu beginnen, verzehren sich. Gute Praxis zerstört sich selbst.

Wie wir die Dinge haben wollen

Unser Anspruch, unseren Körper
und unsere Welt zu besitzen
ist unsere Katastrophe.
W. H. Auden, »Canzone«

Wir glauben, das Ziel unseres Praxisweges sei, etwas namens »Erleuchtung« zu finden und weder ärgerlich noch ungeduldig oder geizig zu sein. Selbst wenn wir regelmäßig praktizieren, glauben wir das noch. Natürlich ist es schön und gut, von diesen Emotionen frei zu sein – niemand rennt gern ununterbrochen ärgerlich durch die Gegend –, aber sie sind nicht das eigentliche Problem.

Unsere persönliche Katastrophe

Der englische Dichter W. H. Auden schrieb: »Unser Anspruch, unseren Körper und unsere Welt zu besitzen, ist unsere Katastrophe«. Nach etwas zu verlangen beinhaltet einen Besitzanspruch. Angenommen, wir hätten keine solchen Ansprüche: Je weniger wir etwas für uns beanspruchen, desto weniger regen wir uns auf, wenn wir es nicht bekommen. Ohne Forderung kein Ärger und keine Aufregung.

Was wäre, wenn wir uns von unserer Katastrophe befreiten? Möglicherweise würden wir uns transformieren. Doch wenn wir uns solch eine Veränderung wünschen, müssen wir auch die Arbeit machen, die damit einhergeht. Ein Teil dieser Arbeit ist dumpf und unspektakulär. Es ist die »immer wieder gleiche alte Geschichte«.

Doch wenn wir uns um die Arbeit drücken, kommt es zu einer Katastrophe ersten Grades. Vielleicht haben wir viel Geld, viel Eigentum, viel von diesem und jenem und dennoch erleben wir unsere persönlichen Desaster. Vielleicht wissen wir nicht einmal, dass es eine schlimme Sache ist, aber wir spüren, dass unser Leben irgendwie nicht wirklich erfüllend ist. Diese Unzufriedenheit bleibt, ganz gleich wie beschäftigt und reich wir sind. Wenn wir nicht innehalten, wollen wir nur immer noch mehr. Doch wenn wir sitzen, können wir erkennen, an was wir festhalten. Wir sehen, worauf wir Besitzansprüche richten, und können unglaublich viel daraus lernen. Wir merken es, wenn wir nicht ehrlich leben. Wir brauchen niemanden, der uns das sagt. Aber wir müssen aufmerksam sein.

Die Essenz oder der Kern dessen, warum wir auf der Erde sind, ist, dazuzulernen. Unsere Gewohnheit, Dinge für uns zu beanspruchen oder zu fordern, hält uns von diesem Lernprozess ab. Sobald wir denken: »Dies gehört mir, und die Dinge sollten so sein, wie ich es mir vorstelle«, oder: »Das ist unfair«, führt das zu Enttäuschung. Doch was ist anders, wenn wir auf unseren Körper und unser Dasein keinen Besitzanspruch erheben? Können Sie sich ein Glas Wasser vorstellen, das zu Boden fällt und denkt: »Das ist ungerecht«? Wir Menschen aber, begabt mit der Fähigkeit, die Dinge zu überdenken, neigen dazu, Sachen festzuhalten, und das führt nur zu Katastrophen. Unsere Fähigkeit, nachzudenken, abzuwägen und zu analysieren, kann von immensem Nutzen sein. Aber sie stellt sich auch unserem Lernen und der Erfahrung des Lebens oft in den Weg. Wenn das Glas zerspringt, zerspringt es einfach. Das ist alles.

Welche Ansprüche stellen Sie?

Die eigentliche Katastrophe liegt nicht darin, was man mir angetan hat, wie sehr man mich betrogen hat oder was mein Geliebter sagt oder tut. Das Problem ist vielmehr meine Erwartung, dass ich so oder so sein sollte und dass ein Teil der Welt – und dazu zählen all jene, derentwegen ich mich sorge – so sein sollte, wie ich es mir vorstelle. Solche Erwartungen haben wir ausnahmslos alle. Und mit der Praxis werden wir ihrer gewahr.

Wie sehen Sie Ihre Ansprüche? Wie praktizieren Sie bei der Arbeit mit Ihren Erwartungen an das Leben? Oder bei der Kindererziehung? In Ihren Beziehungen?

Wenn ich sage, wir sollten die Erwartungen an unseren Körper anschauen, meine ich keinesfalls, dass wir uns nicht um ihn kümmern sollten. Es ist wie mit einem Auto. Wenn wir wollen, dass es problemlos fährt, müssen wir in bestimmten Intervallen gewisse Dinge tun. Natürlich müssen wir für unseren Körper sorgen, und zwar gut! Doch das ist etwas ganz anderes als der Irrglaube, wir hätten über ihn und die Dinge, die ihm widerfahren, die komplette Kontrolle und er gehöre uns. Solange wir denken, dass wir vom Rest der Welt getrennt sind – dass es so etwas gibt wie »Ich«, die oder der von allem anderen unabhängig ist –, leiden wir notgedrungen. Der Grund dafür? Es liegt einfach im Wesen aller Dinge, miteinander verbunden zu sein. Unsere Erwartung, dass sie sich auf eine bestimmte, wie auch immer geartete Weise entwickeln, und unser Versuch, sie unter Kontrolle zu halten, machen uns rigide und unflexibel. Eine solche Einstellung ist sehr besitzergreifend. Natürlich gleicht kein Moment des Lebens einem anderen. Wenn wir aber von unseren Ansprüchen geleitet sind, möchten wir, dass sich die äußeren Umstände so gestalten, dass sie uns und unseren Handlungen nicht in die Quere kommen. Und so versuchen wir, die Ereignisse unseres Lebens in Bahnen zu lenken, die unserem Wunschbild entsprechen.

Was können wir also tun? Wenn wir sitzen oder eine Pause einlegen, können wir beobachten, wie wir versuchen, unsere Ansprüche durchzusetzen. Wir können uns ihrer bewusst werden. Und sobald wir ihrer gewahr werden, lösen sie sich auch schon auf. Es entsteht Raum, zu spüren und zu erleben – und das macht uns neugierig. Sitzende Meditation übt unser ganzes Wesen in Gewahrsein.

Die immer gleiche Geschichte

Vor ein paar Tagen fragte mich jemand zu unserer nächsten Sesshin: »Lassen Sie uns diesmal etwas anderes machen, etwas Neues?« Ich erwiderte: »Nun, ich hoffe nicht.« Eine Sesshin ist ein formelles Praxisretreat unter sehr strengen Bedingungen. Man sitzt täglich sechs bis acht Stunden. Dabei bemüht man sich, den Körper nicht zu bewegen – nicht einmal die Zunge, die Finger oder die Zehen –, allerdings ohne steif zu sein. Und es ist jedes Mal die gleiche Geschichte. Natürlich hätten wir gern etwas Abwechslung. Doch gerade die Monotonie macht die Praxis so wirksam, nutzbringend und dienlich. Wenn man sich für eine Sesshin zu viele raffinierte Dinge ausdenkt und zu viele Anweisungen gibt, dann funktioniert es nicht so gut.

Doch woher kommt das? Wenn ich viele Stunden sitze, aushalte, was ich auszuhalten habe, und genieße, was immer angenehm ist, und immer weiter einfach nur sitze, wird mir klar, dass sich neunundneunzig Prozent meiner Handlungen und Gedanken darum drehen, die Welt und meinen Körper für mich zu beanspruchen und nutzbar zu machen. Dieser ununterbrochene Schwall von Gedanken, ganz gleich, ob wir ihn Identifikationen oder wie auch immer nennen, stärkt meinen Anspruch, das Leben möge sich meinen Vorstellungen entsprechend entwickeln, noch weiter: Es soll mir keine Schmerzen, Schwierigkeiten, Enttäuschungen bereiten – also kurz gefasst: nichts, was ich nicht mag. Und wenn Auden im Zitat von »unserer Welt« spricht, meint er den Teil der Welt, den ich als die »meine« ansehe; dazu gehören für gewöhnlich all jene, die mir nahestehen, meine Familie, meine Freundinnen und Freunde, manchmal auch mein Wohnort – und für manche auch ihr Land. Mein Anspruch auf meinen Körper und meine Welt ist meine Katastrophe.

Ich lebe in San Diego, und als unser örtliches Footballteam, die San Diego Chargers, in einem Jahr ins Endspiel kam, verfiel die Stadt in einen Siegestaumel. Die ganze Nacht war sie vom Hupen und Geschrei der Menschen erfüllt, die draußen in den Straßen feierten. Ich bin ein Sportfan, und so war auch ich völlig aus dem Häuschen. Wir eignen uns gern Dinge an, die uns dann die ersehnte Aufregung bringen. Was denken die meisten von uns über die Chargers? Sie sind hervorragend bezahlte Hochleistungssportler. Wird einem von ihnen anderswo mehr Geld geboten, wird er im darauffolgenden Jahr sehr wahrscheinlich die Mannschaft wechseln. Ich verurteile das nicht, aber das emotionale Aufhebens, das wir um die eine Sache machen, von der wir beschlossen haben, es sei die unsere, ist die Katastrophe.

Während der Meditation sehen wir unseren Drang nach Besitz die meiste Zeit in etwas kleinerem Umfang. Wir beginnen zu handeln: »Ich würde alles dafür geben, dass mein Knie nicht mehr schmerzt.« Dann vergleichen wir uns mit anderen: »Ob wohl irgendjemand anderes die gleichen Leiden durchlebt?« Falls ja, beschäftigt uns das nicht so sehr wie unser eigenes Problem. Was dem Rest der Welt zustößt – die Hungersnöte, Kriege, das Elend, die Lebensumstände der Ärmeren –, bringt uns selten so sehr um den Schlaf, wie unsere eigenen Sorgen es tun, unsere Familie, unser Haus, das Auto oder was auch immer es ist. Und wieder will ich damit nicht im Geringsten sagen, dass wir uns um all diese Dinge nicht kümmern sollten.

Wenn wir viele Stunden sitzen, beginnt uns die Wahrheit zu dämmern: Ich mag, was mir gefällt, und lehne ab, was mir nicht passt. Es sind immer Variationen derselben Litanei, die den Tag durchziehen. Unser Ärger entzündet sich meist in dem Moment, da wir meinen, irgendwas greife den Teil der Welt an, den wir für den unseren halten: meinen Körper, meine Umwelt, meine Zeit.

Doch wenn es uns gelingt, die Langeweile, den Schmerz oder was immer sonst hochkommen mag, auszusitzen, geschieht etwas. Nicht dass wir die Welt anders sehen als zuvor, doch es ist, als seien die Dinge und Ereignisse von einem Freiraum umschlossen und würden uns nicht mehr mit der gleichen Intensität bedrängen. Wir werden weicher und lösen ein klein wenig unseren starren Griff.

Es ist nicht fair

Meine Schülerinnen und Schüler sagen öfter Dinge wie: »Etwa sechs Sachen sind bei mir heute schiefgelaufen«, und nennen dann zum Beispiel das Wetter, ihre Promotion, Kinder oder was auch immer. »Ich weiß nicht, warum, aber die Welt scheint sich gegen mich verbündet zu haben. Dabei tue ich doch mein Bestes.« Das ist eine Variation einer anderen

Frage, die sich viele meiner Schüler stellen: »Warum läuft bei mir alles schief?«

Die meisten von uns nehmen das Leben als ihr persönliches Drama wahr. »Warum passiert gerade mir das? Ich bin doch ein guter Mensch. Wie ist das möglich? Warum tut die Welt mir das an?« Mit einer solchen Frage bringen wir für uns persönlich die Welt zum Stillstand. Wir schneiden ihr quasi den Weg ab. Solche Fragen haben keinen Sinn, denn es gibt keinen konkreten Grund, warum die Dinge geschehen; sie geschehen einfach.

Derartige Missverständnisse basieren hauptsächlich darauf, dass wir glauben, es sei unsere Umwelt, die unsere Reaktionen zwangsläufig bestimmt; wir müssten notgedrungen auf bestimmte äußere Umstände oder das Verhalten der anderen auf die immer gleiche Weise reagieren. Wir sind auf diese Reaktionen sogar ein bisschen stolz, denn wir mögen sie. Wir nehmen das Außen als von uns getrennt wahr, als »die Welt da draußen«, die »gegen mich« ist. Also strengen wir uns an und erwarten dann für diese Mühen Anerkennung, Lob oder Belohnung. Bekommen wir diese nicht, fühlen wir uns ungerecht behandelt.

Die meisten Menschen – wenn auch nicht alle – glauben, ihre Emotionen seien das Hauptproblem. Wir reagieren auf das Leben emotional, da es uns nicht gefällt, und sind überzeugt, was wir erleben, sei nicht fair. »Ich war doch gerade erst krank, wie kann es sein, dass es mich schon wieder erwischt?« … es ist nicht fair. »Andere haben solche Probleme nicht!« … es ist nicht fair. Der häufigste Kommentar auf der Welt ist: Es ist nicht fair.

»Mein(e) Partner/Lehrer/Eltern/Kinder/Freunde/Arbeitskollegen sollten anders sein; sie behandeln mich ungerecht.« Es ist nicht leicht zu verstehen, wie man mit alldem arbeiten kann, und selbst es nur zu wollen ist kein Leichtes. Doch das

Leben ist weder fair noch unfair, sondern einfach so, wie es eben ist. Da wir unser Leben jedoch von unseren emotionalen Reaktionen bestimmen lassen, empfinden wir es oft wie eine Ohrfeige. Das Leben verpasst uns Schläge, und diese sind der Ausgangspunkt für unser Üben.

Am meisten plagen uns die Variationen unseres Gefühls, die Dinge seien ungerecht. Wir sagen uns: »Ich will nicht mit den Details belästigt werden. Das ist langweilig.« Und ich reagiere mit Gefühlen darauf. Verbitterung etwa. Doch diese Gefühle sind nicht echt, sondern nur Werk meines Verstands, der Überstunden macht. Wie wäre es, ein Leben ohne diesen ganzen Ballast zu führen? Ich weiß es nicht. Niemand ist völlig frei davon, aber es gibt durchaus Nuancen. Denken Sie einen Moment darüber nach, wie wir mit einer Aussage wie »Das ist nicht fair« umgehen. Wie gehen wir damit um? Wollen wir überhaupt, dass sich etwas ändert? Wir müssen unser ganzes inneres Theater aufgeben, Opfer des Lebens zu sein, ungerecht behandelt zu werden und deshalb ein Anrecht auf bestimmte Dinge zu haben.

Vielleicht kommt Ihnen auch in Ihren Beziehungen der Gedanke: »Es ist nicht fair.« Ich habe noch keine Beziehung erlebt, die gerecht wäre. Zwischenmenschliche Beziehungen sind von Natur aus nicht fair. Glauben Sie, sie sollten es sein? Sie sind nicht »gerecht«, sondern lehrreich. Doch wenn wir darum kämpfen, das Leben fair zu gestalten, was bedeutet das für uns? Was geschieht dann?

Nehmen wir an, die Lebensumstände bringen uns in eine Situation, in der wir einen Kranken pflegen müssen. Der Betreffende ist ein schwieriger Mensch und beschwert sich von morgens bis abends. Ganz gleich, was wir tun, es ist nicht genug. Eine lange Beziehung ist ein guter Lehrmeister, denn man ist nicht nur für eine Woche mit dieser Person zusammen. Wie Sie wissen, funktionieren romantische Affären deswegen so gut, weil sie enden, bevor die Probleme anfangen. Die beste Lehrerin ist eine längere Beziehung, die man nicht einfach »ausrangieren« kann, wenn es schwierig wird. Sie schenkt uns viele kleine Details, mit denen wir üben können, und genau dies macht Praxis aus. Ich sage immer, wir sollten mit kleinen Dingen praktizieren, damit wir, wenn etwas Großes kommt, eine Ahnung davon haben, wie wir damit umgehen können.

Wenn wir aufgebracht sind, liegt das nicht an dem, was uns angeblich aus der Fassung bringt. Es liegt daran, dass wir uns an der Vorstellung festgebissen haben, das Leben sei nicht fair. In Wahrheit sind wir es selbst, die uns in Rage bringen. Sobald Umstände eintreten, die uns nicht gefallen, werden wir ärgerlich, unser Leben verengt sich, und wir sehen nichts und niemanden mehr präzise. Wir bekommen einen Tunnelblick. In einer unglücklichen Beziehung geschieht es selten, dass eine der beiden Personen auch nur auf die Idee kommt, sie selbst sei diejenige, die ungerecht handelt. Was ich für angemessen halte, ist oft etwas anderes als das, was der andere für richtig halten würde. Das ist schon komisch.

Es ist durchaus sinnvoll, Grenzen zu setzen und es die anderen wissen zu lassen, wenn für uns etwas nicht in Ordnung ist. Manchmal müssen wir auch kämpfen. Doch das Wichtigste sind nicht unsere Urteile oder das, was wir konkret tun, sondern es ist unser Verhältnis zu der Sache, über die wir sprechen. Leiern wir lange genug die Schallplatte, es sei »nicht fair«, ab, führt uns dies in die Sackgasse. Statt sich zu weiten, beginnt unser Leben sich vor uns zu verschließen.

Üben wir hingegen mit solchen Emotionen, lösen sie sich. Wenn keine starke emotionale Aufladung dahintersteckt, kann man fast alles sagen. Ich kann manchmal selbst kaum glauben, was ich den Leuten alles sage, aber es steckt keine besondere emotionale Ladung dahinter, und so können die anderen es sich anhören; es fällt ihnen nicht so schwer.

Was ist es für ein Gefühl, nicht mehr so von diesem Verlangen nach Kontrolle besessen zu sein? Wie sind unsere Erfahrungen, wenn sie nicht von Angst, Ärger oder Schuldgefühlen bestimmt sind? Es ist bedrohlich, da wir alle Illusionen, die Sache in der Hand zu haben, aufgegeben haben. Zugleich ist es brillant und bezaubernd, die Freiheit eines wirklich gelebten Lebens zu erfahren.

VIERTER TEIL

EMOTIONEN

Wut und andere Ziegelsteine

Früher habe ich Sachen nach meinem Mann geworfen, sogar Ziegelsteine. Um genau zu sein: Ich schleuderte sie stellvertretend gegen das Fenster, aber eigentlich galten sie ihm. Man hatte mich zu einem Mädchen erzogen, das brav war, ganz gleich, was ihm widerfuhr. Und wie Sie sich vorstellen können, tragen brave Kinder eine Menge Ärger in sich.

Da die meisten von uns nicht wissen, wie sie innehalten können, wenn Ärger hochkommt, vermengt sich die Wut mit Drama: Wir werfen mit Dingen, lassen böse Worte fallen und Ähnliches. Der Zorn steigt auf, wir ertragen es nicht, ihn in uns zu behalten, wollen ihn unbedingt loswerden. Wir glauben, er würde uns zerreißen, glauben, wir könnten nicht anders, als ihn auszuagieren. Und schon zertrümmert der Ziegelstein die Scheibe.

Wut ist unser aller Rammbock, angetrieben von unserer Hilflosigkeit, hinter der sich eine ungeheure Angst verbirgt. Unsere Konditionierung lässt uns glauben, wir müssten uns um jeden Preis verteidigen. Kein Wunder, dass wir mit Gegenständen um uns werfen und Wände einreißen wollen. Andere Tiere funktionieren nicht nach diesem Rammbockmuster. Ihre Aggression unterscheidet sich von der unseren. Sie können durchaus bösartig und brutal werden, allerdings nur in bestimmten Situationen und für eine begrenzte Zeit, nämlich, wenn sie sich körperlich bedroht fühlen oder nach Nahrung jagen. Sie werden nicht unvermittelt wütend, es sei denn, sie sind schon zu lange mit Menschen zusammen. Nur wir haben diese selbstbezogene Fähigkeit, die Welt zu betrachten, über das, was wir sehen, zu reflektieren, dann eine Entscheidung zu treffen und schließlich so zu handeln, als wäre diese völlig richtig.

Wir Menschen sind oft müde, abgelenkt und angespannt zugleich. Und selbst wenn wir an sich wissen, dass wir die anderen nicht mit unseren Schwierigkeiten bombardieren sollten, tun wir das, besonders unter großem Druck, bisweilen. Ganz gleich, welche seiner vielen möglichen Manifestationen der Rammbock annimmt, ihnen allen liegt dieselbe Version unserer Konditionierung zugrunde: »Ich bin nicht vollkommen und sollte besser sein, als ich bin.« Und wenn wir die Überzeugung, dass mit uns etwas nicht stimmt, stärken, geht damit eine Menge Ärger einher, ob uns das bewusst ist oder nicht. Dies bringt viel Durcheinander in unser Leben: in unsere Beziehungen, die Karriere und das Verhältnis zu unseren Kindern. Wenn jemand nicht das tut, was wir wollen, werden wir ärgerlich, und sobald wir unseren eigenen hohen Ansprüchen an uns selbst nicht gerecht werden, richten wir die Wut auch gegen uns selbst. Und das ist das Destruktivste, was wir tun können.

Hinsichtlich unserer jeweils letzten ärgerlichen Episode erinnern wir uns meist hauptsächlich an den Schmerz, den sie verursacht hat, denn wenn wir verletzt sind, gehen unsere bisherigen Erkenntnisse als Erstes über Bord. Wir sehen nur den Schmerz. Und aus der Konditionierung und dem damit verbundenen Schmerz, von dem wir alle etwas in uns tragen, entsteht das Elend des menschlichen Lebens. Wenn wir größer werden, sind wir dann nämlich auch in der Lage, anderen wehzutun.

Reaktionen auf Ärger

Stellen Sie sich einen Ventilator vor, der Luft aufwirbelt. Der Ständer des Ventilators entspricht Ihrem grundlegenden Selbst. Prasselt auf dieses Selbst eine Herausforderung oder eine Schwierigkeit ein, hat das Auswirkungen. Die Schwierigkeit findet in unseren Körper, und wir reagieren. Zum Beispiel wenn bei der Arbeit jemand etwas sagt, das mich ärgert.

Wenn etwas unseren Unmut auslöst, reagieren die meisten von uns recht unreflektiert und unmittelbar. Und normalerweise entspricht die Reaktion den Automatismen, die wir im Laufe unseres bisherigen Lebens verinnerlicht haben. Je nach unserer ursprünglichen Überlebensstrategie kann das unterschiedliche Formen annehmen, etwa Schreien, Weglaufen oder Erstarren, oder auch Tränen beziehungsweise Selbstvorwürfe. All diese Reaktionen werden von den alten Verhaltensmustern gesteuert. Es ist wie bei einem Ventilator, bei dem man nur zwischen wenigen Stufen wählen kann.

Wenn wir aber dank unserer Übung in der Lage sind, innezuhalten, sobald wir merken, wie der Ärger in uns aufsteigt, können wir uns »aller Flügel des Ventilators« bewusst werden, also all der verschiedenen Gedanken und Reaktionen, die wir zeigen. Mit Gewahrsein ist es uns möglich, die starke Emotion zu erleben, ohne dass die Flügel des Ventilators heiß laufen. Unser grundlegendes Selbst, also der Ständer des Ventilators, bleibt ruhig, und wir können unser Leben voll und ganz erfahren, ohne von unseren gewohnheitsmäßigen Reaktionen getrieben zu sein.

Jedes Mal, wenn wir es schaffen, unserer Wut mit Gleichmut zu begegnen, wird sie schwächer, was uns ein wenig mehr Freiheit schenkt, in der betreffenden Situation adäquater zu reagieren und nicht mehr unseren üblichen Mustern zu folgen.

Dies bedeutet nicht, dass wir keine starken Empfindungen mehr hätten. Manche verwechseln das Gewahrsein unserer Gefühle damit, sie wegzuschieben und keine emotionalen Reaktionen mehr zu zeigen. Wir hingegen zielen auf die volle Erfahrung, und zu dieser gehört unser gesamtes emotionales Spektrum. Sind wir wirklich zornig, traurig oder sonst wie emotional, gestehen wir uns das ein. Tun wir das nicht, folgen wir wieder nur unserem Muster, schmerzhafte Erfahrungen zu verdrängen. Alle Menschen sind Lügner. Fast in jeder Hinsicht verdrehen wir die Tatsachen, insbesondere jene, die uns selbst betreffen. Meistens verbergen wir, was wir empfinden, da wir uns unseren wahren Emotionen nicht stellen möchten.

Dieses Vorgehen ist schwer zu erkennen, denn es gehört zu unserer grundlegenden Überlebensstrategie.

Zu reagieren ist menschlich. Doch wenn wir länger Gewahrsein praktizieren, ist es fast so, als entstünde eine Pause. Jemand ist wütend auf uns, oder wir sind es auf ihn und wollen ihn am liebsten schlagen. Oder wegrennen und uns so verstecken, dass der oder die Betreffende uns auf keinen Fall findet. Doch jetzt kommt es vor der Reaktion zu einer kurzen Pause, in der wir unser Gewahrsein auf unsere Gefühle richten. Wir erfahren sie.

So können wir beispielsweise unseren Ärger spüren und wahrnehmen, wie er sich rein körperlich anfühlt. Wir bleiben bei der Empfindung und haben keine Erwartungen an sie. Wenn uns dies gelingt, wächst in uns auf ganz natürliche Weise das Gewahrsein für das, was wir in der betreffenden Situation tun oder sagen sollten.

Auf Zorn oder auch jede andere Emotion gibt es keine richtige oder falsche Reaktion oder Entscheidung, denn was auch immer wir tun, wird zur nächsten Erfahrung, die es zu spüren gilt und derer wir gewahr werden. Wir glauben immer, es gäbe eine richtige oder falsche Reaktion, doch das stimmt nicht. Für was auch immer wir uns entscheiden, es wird zum neuen Ausgangspunkt, von dem aus wir das Nächste erfahren, das uns das Leben bietet. Es gibt kein

Schema, dem wir blind folgen können, das ist ein Ding der Unmöglichkeit, denn unsere Erfahrung verändert sich von Augenblick zu Augenblick.

Standfestigkeit entwickeln

Wenn wir ärgerlich sind, drückt sich dies in unserem ganzen Körper aus, und normalerweise möchte das niemand, der bei Sinnen ist, empfinden. Dennoch ist es zu spüren. Während sich unser Leben so entfaltet, finden sowohl all unser Ärger, all unsere Schwierigkeiten als auch unsere alltäglichen Freuden sowie jede andere Emotion in unseren Körper. Bei einer schmerzhaften Emotion fühlen wir diesen Schmerz. Reagieren wir rigide und unseren Mustern folgend, versteift sich unser Körper, und wenn wir das bemerken, kann es uns daran erinnern, gewahr zu sein.

Eine regelmäßige Praxis erlaubt uns nicht nur, in Gefühle wie Ärger hineinzuspüren, sondern auch, Ausdauer zu entwickeln, dank derer wir jedes Mal, wenn wir vom »Rammbock« getroffen werden, die Wahl haben, zu agieren, statt blind zu reagieren.

Empfinden wir Wut, können wir dessen gewahr werden, ganz ohne es zu analysieren, zu bewerten oder zu rechtfertigen. In unserer Praxis darf unser Ärger einfach sein, ohne dass die Gefahr bestünde, dass wir andere oder uns selbst verletzen. Sind wir unserer Wut gewahr, bemerken wir auch die Hilflosigkeit, die ihr zugrunde liegt, und dadurch entwickeln wir Ausdauer.

Regelmäßiges Praktizieren ermöglicht es uns, selbst in stark emotional geladenen Situationen nicht automatisch zu reagieren. Weder das Leben selbst noch die anderen sind die

Ursache für unser Leiden. Vielmehr sind unser Ärger und unsere unkontrolliert ablaufenden Reaktionen dafür verantwortlich.

Mit unserer Übung entwickeln wir in uns eine Stabilität, die es uns erlaubt, selbst unter dem Druck von Krankheit, Unglück oder Ungerechtigkeit weder uns noch andere zu verletzen. Oder zumindest halten wir dabei länger durch. Je regelmäßiger und ausdauernder wir üben, desto mehr braucht es, um uns aus dem Gleichgewicht zu bringen.

Dank der Praxis haben wir die Wahl, entweder das zu tun, was wir schon immer getan haben, wenn wir wütend waren – also ein Drama daraus zu machen –, oder den Ärger auszuhalten und mit ihm zu sein. Tun wir das, erschließt sich uns eine neue Welt – auch wenn sich das nicht immer äußerlich zeigt. Wir sehen klarer und beginnen zu erkennen, was zu tun ist.

Echtes Bedauern

Es fällt uns nicht leicht, Ärger zu spüren, und das ist der Grund, warum wir ihm so explosiv Luft machen: Wir möchten ihn loswerden. Erlebe ich etwas Schönes, ist mir dies natürlich nicht unangenehm und ich hätte nichts dagegen, wenn diese Erfahrung ewig anhielte. Ehrlich gesagt fände ich das sogar hervorragend. Doch wenn Zorn aufsteigt, ist unser erster Gedanke oft: »Hoffentlich geht es schnell vorbei!« Wenn wir mit dem Ärger sitzen, glauben wir manchmal: »Ich halte das keine Minute mehr aus.« Tun wir es trotzdem, entsteht etwas Neues. Lauschen wir dem »Störsender« beharrlich, lernen wir etwas sehr Kostbares. Es verändert uns, ganz gleich, ob wir die Erfahrung mögen oder nicht.

Schauen wir genau genug hin, können wir bei allen, die praktizieren, über die Zeit eine Veränderung sehen: Sie werden nicht mehr so schnell ärgerlich, und nach und nach zeigt sich so etwas wie eine innere Sammlung, die man sogar körperlich wahrnehmen kann. Sie entwickeln ein Verständnis für das Wesen der menschlichen Unruhe. Selbst wenn wir den Eindruck haben, jemand hätte uns unrecht getan, wissen wir bis zu einem gewissen Grad, warum das geschehen ist. Uns ist klar, wie wir reagieren können, ohne noch mehr Ärger zu verursachen. Und das ist revolutionär.

Ich glaube, uns ist nie das volle Ausmaß des Unrechts bewusst, das wir anderen antun. Mit der Übung zähmen wir nicht nur unsere eigene Wut, sondern sehen auch, welchen Schaden unsere automatischen Reaktionen verursachen. Unsere Praxis dient in erster Linie dazu, weniger Unheil anzurichten. Und wenn wir sehen, dass wir jemanden verletzt haben, müssen wir um Entschuldigung bitten.

Was nicht bedeutet, dass wir uns selbst verurteilen, denn damit würden wir wieder nur unsere Konditionierung verstärken, die besagt, dass mit uns etwas nicht stimmt; es wäre etwas Egozentrisches, nichts Lebensbezogenes. Es ist hilfreich zu sehen, dass man mal wieder den Rammbock ausgefahren hat, aber es gibt einen Unterschied zwischen ehrlichem Bedauern und dem Entschluss, den Ärger nach innen zu wenden und auf sich selbst loszudreschen. Echte Reue ist etwas, das wir wirklich fühlen, falsches Bedauern geschieht verstandesmäßig. Immer dann, wenn wir jemand anderen verletzen, können wir uns aufrichtig dafür entschuldigen, und je früher wir es bemerken, desto schneller können wir das tun. Und das ist dann ein Zeichen dafür, dass unsere Übung Früchte trägt.

Sehen Sie Ihr Klagen

Ein weiterer wichtiger Bestandteil der Praxis ist, sich seiner Klagen bewusst zu werden. Es ist nützlich, zu schauen, was hinter ihnen steht, und zu erkennen, dass auch sie wieder nur unsere darunterliegende Einstellung dem Leben gegenüber ausdrücken. Selbst das Jammern ist eine Spielart davon. Es drückt Kummer, Leid und Unglücklichsein aus und bringt das Leid unseres Lebens zum Ausdruck – das Gefühl, dass etwas in unserem Leben schiefläuft oder schiefgelaufen ist und dass wir vom Leben oder von anderen Menschen verletzt worden sind.

Ganz gleich, wo sich mehr als zwei oder drei Menschen versammeln, es kommt ständig zu solchen Klagen. Der jeweilige Grund mag durchaus legitim sein, und es kann Bedarf an neuen Lösungsvorschlägen, Plänen oder Forderungen geben. Doch im Gegensatz zu den Klagen sind solche Vorschläge konstruktive Ideen, mit denen wir bestimmte Umstände oder Sachverhalte verbessern oder verändern möchten. Eine reine Klage hingegen drückt unser Gefühl aus, dass uns die Welt nicht passt.

Wir wissen sehr wohl, dass ständiges Kritisieren nicht gern gesehen ist, und so verkleiden wir es etwas, nicht zuletzt, damit wir selbst nicht merken, dass wir kritisieren. So ist beispielsweise das Korrigieren anderer eine Methode, unsere Klage zu verstecken. Oft ließe sich das mit »Sie tun das nicht auf die Art, die mir gefällt« zusammenfassen. Auch sich mit jemandem zu solidarisieren, der sich beschwert, ist eine Tarnungsstrategie, und sich über jemanden zu ereifern, der sich beklagt, eine weitere. Oder sich einzumischen. Wir können auch arbeiten bis zur Erschöpfung und uns dann wie ein Märtyrer fühlen, wenn niemand sieht, welch hervorragende Dinge wir leisten. Ich habe sogar schon Klagen gehört, die so gut als Mitgefühl getarnt waren, dass man hätte denken können, Mutter Teresa in Person sitze einem gegenüber. Es ist nicht schlimm, sich zu beklagen. Wir alle tun das. Doch ist man sich dessen nicht bewusst, wird es zum Problem, und es zu tarnen ist eine Spielart der Lüge.

Wir alle haben unsere Überzeugungen und Glaubenssätze, die von unserer Konditionierung gespeist werden. Wenn wir kritisieren, um hilfreich zu sein oder wie immer wir es nennen, fällt uns oft nicht auf, dass wir uns eigentlich beklagen. Wir denken, wir würden einfach nur die Wahrheit sagen, und sehen nicht, dass es unsere persönliche, von unserer Konditionierung bestimmte Sicht der Dinge ist. Wir finden, es sei ein Jammer, dass die anderen diese Sicht nicht teilen, denn täten sie das, wäre das ein erster Schritt zu einer perfekten Welt. Wir empfinden es nicht als Lüge oder Kritik, für uns ist es nichts als die Wahrheit. Und deswegen ist Praxis so wichtig.

Eine Klage ist eine Spielart des Ärgers

Wir neigen dazu, die Klagen der anderen viel schneller zu bemerken als unsere eigenen: »Warum haben sie immer etwas zu kritisieren?« Doch sobald wir uns unserer eigenen Klagen sowie der Gefühle, die dahinterstehen, bewusst werden, erkennen wir, dass die Schwierigkeiten in unserem Leben ein direktes Resultat dessen sind, wie wir die Welt wahrnehmen. Natürlich gibt es einen äußeren Anlass, auf den wir reagieren müssen, doch das eigentliche Problem liegt in uns.

Nehmen wir einmal an, unser Chef oder unsere Chefin hat ständig etwas zu meckern und liegt dabei obendrein dauernd falsch. Er oder sie ist so pingelig, dass wir glauben, es nicht mehr auszuhalten. Wie gehen wir damit um? Unsere innere Beschwerdestelle übernimmt das Ruder: »Das darf nicht sein. Ich mache etwas falsch. Sie machen Fehler.« Eine wahre Kaskade andauernder Vorwürfe. Wir versuchen, damit zu praktizieren, es zu ignorieren oder uns einzureden, es sei keine große Sache. Doch irgendwann werden wir extrem wütend.

Solche Klagen sind eine Form der Wut, und diese – insbesondere wenn sie unterschwellig und versteckt ist – stürzt unsere Welt ins Chaos. Wir neigen dazu, unseren Zorn auszuleben, doch da dies meist weder erfolgreich noch gern gesehen ist, versuchen wir ihn schließlich zu unterdrücken.

Und dann äußert er sich oft in Gestalt unaufhörlicher kleiner Kritteleien. Auch hier ist es ein großer Unterschied, ob man den Zorn erfährt oder glaubt, man müsse ihn ausagieren und jemandem klarmachen, dass die Sache anders besser laufen würde.

Selbstbezogene und lebensbezogene Handlungen

Bei unserer Praxis geht es nie darum, die Sachen in den Griff zu bekommen, sondern immer um die Frage, wie wir mit einer Situation umgehen. Erfahren wir Umstände, die sehr großes Leid hervorrufen – für unsere Gesundheit oder für unsere Sicherheit –, müssen wir womöglich sofort etwas unternehmen. Wir müssen Grenzen setzen, um uns ausruhen oder neu sammeln zu können. Doch sobald wir etwas mehr Spielraum haben, ist es aus Sicht der Praxis besser, wenn wir uns darauf konzentrieren, wie wir in der Situation reagieren, denn dann sehen wir die Angelegenheit klarer. Ein Kriterium dafür, ob unsere Übung Früchte trägt, ist, zu überprüfen, ob wir noch versteckte Klagen in uns tragen. Das heißt nicht, dass wir nicht manchmal eine andere Vorstellung davon haben, wie man die Dinge angehen sollte, aber wir hören auf, zu klagen oder versteckt zu kritisieren.

Oft handeln wir, indem wir etwas beklagen, ungeschickt oder auch gar nicht. Wir können gehen – und bisweilen ist das sogar die bessere Option –, doch dann bleiben wir, wie wir sind. Und der andere bleibt ebenfalls der Gleiche. Unsere Praxis gründet sich auf unser Versprechen, gut handeln zu wollen. Ziehen wir uns aus der Situation heraus, ändert sich nichts, und das bedeutet, wir werden später mit etwas Ähnlichem konfrontiert. Glauben Sie mir, wenn wir unsere Angelegenheiten nicht lösen, wird das Leben schon dafür sorgen, dass wir dem betreffenden Thema wieder und wieder begegnen.

Das liegt daran, dass unsere Gedanken die Position bestimmen, die wir einnehmen, und sofern wir uns ihrer nicht bewusst sind, ist es äußerst wahrscheinlich, dass unsere Handlungen selbstbezogen bleiben, ganz gleich, wie gut sie erscheinen. Wenn wir dank unserer Praxis erkennen, dass unser Jammern nicht durch die betreffende Situation verursacht wird, ist es wahrscheinlicher, dass wir lebensbezogene Antworten finden.

Solange wir uns nicht mit der gerade dominierenden Emotion auseinandergesetzt haben, bestimmt diese unsere Art, Lösungen zu finden und zu reagieren – dann sind wir vom Ärger geleitet und das ist nicht befriedigend. Denn in den meisten Fällen werden die anderen – ganz gleich, wie elegant wir unsere Klagen verkleiden – unsere Unzufriedenheit, unseren Ärger und unser Bestreben, die Dinge nach unseren Vorstellungen zu lenken, bemerken. Ganz anders, wenn man bezüglich der eigenen Gefühle sich selbst gegenüber ehrlich ist und versucht, mit anderen konstruktiv zusammenzuarbeiten. Es gibt immer Dinge, die es verdienen, angeschaut zu werden, und möglicherweise verändert werden sollten, damit es reibungsloser funktioniert. Doch dafür ist ein starkes, emotionales Festhalten an der Erwartung, ein bestimmtes Resultat zu erlangen, nicht förderlich. Haben wir uns mit der eigenen Emotion auseinandergesetzt, kommen wir mehr und mehr zu einem Ergründen der Frage: »Wie können wir mit der Angelegenheit umgehen, damit sie weniger Schaden bringt?«

Keine Klagen

Eine buddhistische Geschichte erzählt von einer Frau namens Sono, die aufgrund ihrer Hingabe und Weisheit nah und fern respektiert wurde. Einmal kam ein Mann zu ihr, der bereits eine lange Reise hinter sich hatte, und fragte: »Was kann ich tun, damit mein Herz Frieden findet?« Sie erwiderte: »Sage jeden Morgen und jeden Abend und immer dann, wenn dir etwas widerfährt: ›Danke für alles. Ich habe nicht das Geringste zu beklagen.‹« Der Mann tat wie ihm geraten, doch als ein Jahr danach sein Herz noch immer in Aufruhr war, kehrte er zu Sono zurück und erklärte ärgerlich: »Ich habe dein Gebet immer und immer wieder gesprochen, und dennoch hat sich in meinem Leben nichts verändert. Ich bin der gleiche selbstbezogene Mensch wie zuvor. Es war wirkungslos. Was soll ich tun?« Sono entgegnete sofort: »Vielen Dank! Ich beklage mich nicht im Geringsten!« Als er die Worte hörte, musste der Mann lachen und zog von dannen. Er hatte Frieden gefunden.

»Vielen Dank! Ich habe nicht das Geringste zu beklagen« ist eine Spielart der Praxis, loszulassen. Was erneut nicht bedeutet, man dürfe nicht die Initiative ergreifen, das kann man sehr wohl, nur sollte man sich dabei nicht dem Fluss des Lebens widersetzen. Befindet man sich in einem rauschenden Strom und treibt auf einen riesigen Baumstamm zu, weicht man ihm aus, so gut man kann. Doch ohne unnötige zusätzliche Anspannung und ohne dem Strom die Schuld an der Gefahr zu geben, in der man sich befindet. »Ich beklage mich nicht im Geringsten!«

Wir hingegen beklagen uns von früh bis spät, und dies zumeist innerlich. Manche von uns sind sorgsam darauf bedacht, es nicht nach außen zu zeigen, denn wir wollen gut dastehen. Es ist völlig in Ordnung, mit Dingen nicht einverstanden zu sein. Bemerken Sie es, seien Sie diesbezüglich ehrlich, und erforschen Sie voller Neugierde, welche Gefühle sich dahinter verstecken. Sind wir dabei ehrlich, kann dies zu einem wunderbaren Teil unserer Übung werden. »Vielen Dank! Ich beklage mich nicht im Geringsten!«

Nichts zu verzeihen

Wenn unser Wunsch, dass immer mehr Menschen ein gutes Leben leben, stärker wird, ist dies ein deutliches Zeichen dafür, dass unser wahres Selbst dabei ist, sich zu zeigen. Von außen ist das nicht unbedingt erkennbar, denn wir wirken deswegen nicht unbedingt besser. Einen guten Eindruck zu machen hilft keinem. Doch irgendwann werden Sie ehrlich feststellen, dass Sie sich weniger auf Ihre persönlichen Strategien konzentrieren, weniger damit beschäftigt sind, innerlich das Unrecht aufzulisten, das Ihnen angetan wurde, und sich stattdessen immer ernsthafter um den Zustand der Welt und das Wohlergehen ihrer Bewohnerinnen und Bewohner sorgen.

Die meisten von uns wissen, wie es sich anfühlt, wenn Vergebung aufgesetzt oder gespielt ist: »Ich vergebe Ihnen, weil ich zeigen will, was für ein guter Mensch ich bin.« Eine einzige schlechte Erfahrung in dieser Hinsicht reicht möglicherweise, um unseren Wunsch zu zerstören, anderen zu verzeihen. Doch bei unserer Praxis geht es um Vergeben ohne Scheinheiligkeit.

Wenn Sie wissen wollen, wie es um Ihre Praxis bestellt ist, können Sie darauf achten, wo Sie die Grenze ziehen zwischen dem, was Sie vergeben können, und dem, was für Sie unverzeihlich ist. Es gibt Dinge, die für uns eindeutig unverzeihlich sind: Vergewaltigung, Mord, Belästigung, Misshandlung von Mensch und Tier. Es steht außer Frage, dass diese Dinge schlimm, ja entsetzlich sind und niemandem widerfahren sollten.

Man muss weder alle mögen noch sämtliche Handlungen gut finden. Darum geht es nicht. Vielmehr geht es um die Frage: Wie viele Dinge kann man nicht verzeihen? In manchen von uns weckt bereits das Wort »vergeben« Unmut und Ärger. Solange wir aber auch nur einer Person nicht vergeben können, steckt unsere Praxis noch in den Kinderschuhen. Das mag hart klingen, ist aber wahr. Wenn wir jemandem nicht vergeben können, kann dies zwischen uns und anderen eine unüberbrückbare Kluft schaffen: »So etwas würde ich nie tun. Offenbar bin ich ein besserer Mensch als er.« Wir fühlen uns überlegen und halten daran fest. Wir alle sind Anfänger, ich bin da nicht anders. Wenn mich etwas um den Schlaf bringt, dann sind es die Menschen, denen ich nicht verzeihen kann. Ich kann nicht davon lassen, mich an ihnen abzuarbeiten. Wo sollen wir also anfangen? Ich würde vorschlagen, mit solcher Entschiedenheit zu üben, dass Sie es vielleicht schaffen, einer weiteren Person oder vielleicht sogar einer ganzen Liste von Menschen, die Ihnen unrecht getan haben, zu verzeihen – und das können solche sein, die nicht mehr leben, ein Mitglied Ihrer Familie oder selbst eine Person, der Sie noch nie begegnet sind. Mit jedem Menschen, dem Sie wirklich zutiefst vergeben, wird Ihre Konditionierung etwas schwächer. Und Sie kommen dem Schritt, sich selbst zu verzeihen, ein Stück näher.

Doch Vorsicht! Zwingen Sie sich nicht, jemandem zu verzeihen, nur weil Sie innerlich »vorwärtskommen« wollen. Von meiner Liste bleiben mir nur zwei Menschen, aber die halten sich wirklich ganz hartnäckig. Ich arbeite seit vielen Jahren daran, besonders dem einen zu verzeihen. Die Schrift beider Namen ist auf der Liste schon verblasst und meine emotionale Ladung bereits weit schwächer, als sie einmal war, aber es ist noch immer ein weiter Weg zu gehen. Doch es spielt keine Rolle, ob noch viel Arbeit zu tun ist oder ob wir schon fast am Ziel sind, was zählt, ist, dass wir weiter üben.

Fragen Sie sich also, wo Sie Ihre persönliche Grenze ziehen. Was können Sie und was können Sie nicht verzeihen? Sind schon all jene, von denen Sie ungerechterweise kritisiert werden, jenseits der roten Linie? Manchmal zählen wir den Partner, der fremdgegangen ist, den Freund, der gestohlen, oder den Kollegen, der uns betrogen hat, dazu. Meist sind unsere Eltern irgendwie auch auf der Liste, auch wenn wir so tun, als sei dies nicht der Fall.

Wer ist auf Ihrer Liste? Sie können in der Praxis an einen Punkt kommen, an dem etwas, das einst sehr schlimm für Sie war, Sie nicht mehr so mitnimmt. Das ist wunderbar. Doch die Praxis des Vergebens geht tiefer. Zu Anfang erahnen wir die Tragweite dieses Unterfangens meist nicht einmal. Es fordert alles, was wir haben, und das ein ganzes Leben lang.

Wir vergeben nicht um der anderen willen, wir tun es für uns selbst. Mit der Zeit bekommen wir immer mehr Freude an der Vergebung. Sicherlich kann unsere Praxis anderen Menschen zugutekommen, aber wir vollziehen diese Praxis nicht, damit wir sagen können: »Ich verzeihe dir.«

Nichts zu töten und niemand, der tötet

Eines der ältesten buddhistischen Versprechen ist, nicht zu töten. Doch wenn wir lange genug geübt haben, erkennen wir, dass es nichts zu töten gibt und niemanden, der die Untat begeht. Bis uns dies dämmert, und sei es auch nur schwach, wird der Schatten der Konditionierung noch in unserem Leben sein. Und damit meine ich nicht irgendetwas Esoterisches oder Abgehobenes. Dies zu verstehen bedeutet, dass sowohl unser Körper als auch unser Geist für alles offen sind. Die einfachste Art, das Maß, in dem wir uns der Praxis widmen, einzuschätzen, ist, zu schauen, wie viele auf unserer Liste derer verblieben sind, denen wir noch nicht verziehen haben. Je länger wir bereits praktizieren, desto mehr lichtet sie sich. Dies ist das einfachste Maß. Wird sie kürzer? In diesem Fall öffnet sich ein Freiraum, und wir können mehr und mehr aushalten. Das Gelübde besagt, wir sollen nicht töten, doch wir können nicht einmal laufen, ohne mehrere Hunderttausend winziger Organismen zu töten. Wir vermögen keine zehn Minuten zu leben, ohne dass andere unseretwegen ihr Leben lassen. Für jede Mahlzeit, die wir einnehmen, sterben äußerst viele Organismen. Wir sind Mörder. Alle müssen dafür zahlen, dass wir leben können.

Uns selbst verzeihen

Während wir also unsere Liste durchgehen, vergeben wir scheinbar den anderen, doch in Wirklichkeit verzeihen wir uns selbst. Unsere Konditionierung dient dazu, uns zu verteidigen. Ganz gleich, wie wütend wir auf die Person, die uns verletzt hat, sein mögen, am wütendsten sind wir doch meist auf uns selbst. Und so schwächen wir mit jeder Person, der wir verzeihen können, auch ein klein wenig das negative Bild, das wir von uns selbst haben.

Je mehr wir üben, desto geringer wird unser Groll. Ich habe eine liebe Freundin, deren Kind sehr krank ist. In solchen Fällen kann es ausgesprochen verlockend sein, dem Leben selbst zu grollen. Ich persönlich kann sagen, ich werde dem Leben nie verzeihen, dass dieses Kind so krank ist. Doch im Endeffekt ist es nichts als der Gang der Dinge, und der Ärger ist schlicht nicht hilfreich. Zum einen gibt es kein Ding wie »das Leben«, dem man böse sein könnte. Zum anderen werden wir alle sterben, daran gibt es nicht den geringsten Zweifel. Müssen wir deswegen denken, das Leben sei hart? Sollten wir ihm »vergeben«? Ich spreche hier jetzt nur von »vergeben«, aber die Praxis, die ich beschreibe, umfasst alle Gefühle, die sich zeigen, wenn wir es mit den Härten dessen zu tun haben, was wir »Leben« nennen.

Das torlose Tor

Mit der Praxis entwickeln wir eine grundlegende Vision davon, wer wir sind und was wir in unserem Leben wirklich tun, und sie wird mit der Zeit immer stärker. Mit Vision meine ich nichts Mystisches, sondern die einfache Tatsache, dass wir anerkennen, wer wir sind und was unser nächster Schritt sein wird.

Mir ist aufgefallen, dass die meisten Menschen – und besonders jene, die im Westen aufgewachsen sind – im tiefsten Innern das Gefühl haben, wertlos zu sein. Wirklich wertlos. Mit Ausnahme jener, die bereits seit Langem praktizieren oder das extrem große Glück hatten, in besonders liebevollen Verhältnissen aufgewachsen zu sein, empfinden wir das alle. Wir haben unsere Tricks, die diesem Gefühl seine individuelle Note und seinen persönlichen Stil verpassen, aber es bleibt, was es ist. Doch wer fühlt sich schon gern wertlos und nicht liebenswert? Dieses Gefühl ist äußerst schmerzlich, und so wollen wir nichts davon wissen. Dies schafft eine unterschwellige Anspannung, derer wir uns möglicherweise, bevor wir anfangen zu sitzen, nicht einmal bewusst sind – und dann bringt die Praxis alles ans Tageslicht.

Nehmen wir einmal an, ich verdecke diese Konditionierung dadurch, dass ich sehr freundlich und hilfsbereit und immer für andere da bin. Wie fühlt sich das an? Nehmen Sie sich einen Moment Zeit, um hineinzuspüren. Sehr wahrscheinlich sind hinter all der Freundlichkeit auch Angst und Ärger. Die meisten müssen nicht lange suchen, um diese Konditionierung zu finden, denn sie ist nicht sonderlich versteckt. Sobald wir innehalten und sitzen, können wir ihrer in jeder Sekunde gewahr sein. Achten Sie darauf: Es gibt da etwas zu entdecken.

Das Leben zeigt sich immer ganz offen, denn wir leben es in diesem Körper in jedem Augenblick. Es ist immer genau hier und jetzt. Keiner von Ihnen wird sich fragen: »Was meint Joko denn, wenn sie immer von Leiden redet? Wo ist es?«, denn Sie wissen es genau. In dem Moment, in dem Sie aufhören zu denken (denn die Gedanken verdecken den Schmerz) und Ihre Aktivitäten einstellen (denn mit ihnen verhält es sich genauso), können Sie es spüren, auch wenn es nicht immer ein dramatisches Leid ist. Das ist der Grund, warum es so wichtig ist zu sitzen. Indem wir uns von unseren Gedanken abwenden und in unseren Körper zurückkehren, erleben wir unsere grundlegenden Schmerzen. Sie sind nie versteckt, sondern stets genau da.

Und wenn wir regelmäßig sitzen, entwickeln wir die Kraft und Sensibilität, diesen Wasserfall an Gedanken zu betrachten, was uns unglaublich viel über uns selbst lehrt. Allmählich spüren wir – sofern das nicht schon zuvor der Fall war – die enorme Anspannung in uns. Und selbst wenn wir sie noch nie vorher bemerkt haben, ist sie doch in uns, seit wir denken können.

Mit dem Leiden Freundschaft schließen

Dadurch, dass wir bewandert sind, das Leiden in uns zu bemerken und seiner gewahr zu bleiben, wächst in uns eine ganz maßgebliche Fähigkeit, nämlich jene, mit dem Schmerz zu sein und ihn wie jede andere Körperwahrnehmung zu behandeln: Statt mit ihm zu ringen und zu denken, er dürfe nicht da sein, beginnen wir mit ihm Freundschaft zu schließen.

Anfangs sind wir dazu vielleicht nur eine oder zwei Sekunden lang in der Lage. Später zehn Sekunden. Unser Geschick darin wächst langsam weiter. Gleichzeitig fragen Sie sich vielleicht, warum Sie das tun sollten. Worin liegt der Sinn? Warum sollte irgendwer seine Aufmerksamkeit auf dieses nicht gerade angenehme Gefühl lenken, statt sich mit netteren Dingen zu befassen? Sie könnten doch stattdessen einen riesigen Eisbecher verspeisen oder ein Sonnenbad nehmen! Warum sollten wir etwas wählen, das – zumindest aus unserer Sicht – unangenehm ist? Im Laufe unserer Praxis wird die Antwort klarer.

Zu Beginn sind wir versucht, in Gedanken in die verschiedensten Richtungen abzuschweifen, über spirituelle Themen zu sinnieren oder uns selbst zu analysieren. Damit möchte ich nicht sagen, dass die Praxis nicht ein gewisses intellektuelles Verständnis verlangt, aber dieses ist kein Selbstzweck. Es kommt darauf an, zu dem zurückzukehren, dem wir ein Leben lang aus dem Weg gegangen sind. Wenn wir nur ein wenig das kleine, bebende Selbst sein können, das in unserem Kern steckt, beginnt bereits die Transformation. Sobald wir willens sind, das zu erleben, von dem wir nicht einmal etwas wissen wollen, kommen wir zum torlosen Tor, also dem, das eigentlich nicht existiert.

Und wenn wir endlich in der Lage sind, diesen Kern zu erfahren, beginnen wir, uns zu verändern. Langsam lösen wir die falsche Vorstellung, die wir von uns selbst haben – dass wir wertlos sind und zu nichts taugen –, auf und gehen durch das Tor, von dem wir dann verstanden haben, dass es gar nicht existiert.

Die große Verwirklichung

Vielleicht denken Sie, dass dieses ganze Zeug, das ich da über das Selbst erzähle, schön und gut sein mag, Sie aber zur Zen-Praxis gekommen sind, weil Sie nach dem großen Erwachen suchen. Was hat all das mit echter Praxis zu tun? Wo geht es zur großen Verwirklichung? Ich würde antworten: »Große Verwirklichung von was?« Wenn wir nach der Erleuchtung suchen, dann ist es, als wären wir auf der Suche nach dem großen Geschenk, das man auspacken und angucken kann. Doch wie könnten wir es anschauen? Schließlich sind wir selbst die Erleuchtung. Je mehr sich unsere Lebenserfahrung entwickelt und sich diese Art von Klarheit verfeinert, desto deutlicher wird uns, dass Erleuchtung nicht etwas ist, das wir suchen können, sondern etwas, das wir sind. Uns wird schließlich klar, dass Erwachen letztendlich nichts anderes ist, als weitgehend von dem selbstbezogenen Traum frei zu sein, den wir uns zusammengebastelt haben.

Solange wir glauben, etwas Äußeres würde uns retten, stecken wir fest. Wenn wir denken: »Wenn mein Partner sich nur anders verhalten würde«, oder: »Wenn ich endlich die Arbeit finden würde, für die ich wie geschaffen bin«, dann tappen wir in ziemlich dichtem Nebel. Was immer es ist, das wir jeweils für unser Leid verantwortlich machen – solange wir glauben, damit recht zu haben, können wir uns nicht befreien.

Eine Schülerin erzählte mir von einer kleinen Erfahrung, bei der sie unlängst das Gefühl hatte, innerlich freizukommen. Sie war mit dem Auto unterwegs und hielt an einer Kreuzung an, um jemanden vorzulassen, der sicher schon recht lange gewartet hatte, woraufhin dieser sie sehr gereizt durchwinkte, weil er gleich drei Fahrspuren überqueren wollte. Sofort wechselte sie von ihrer wohlwollenden und großzügigen Einstellung zu: »Wie können Sie es wagen, meine Gefälligkeit abzulehnen?« Und direkt darunter meldete sich: »Oh, meine Güte, jetzt praktiziere ich schon zwanzig Jahre lang, habe gerade meditiert, und dann reagiere ich immer noch so.« Und dann setzte sie noch etwas obendrauf: »Es ist hoffnungslos, ich bin ein hoffnungsloser Fall.« Dies war von einem flauen Gefühl begleitet, so als hätte sie den Boden unter den Füßen verloren. Gleichzeitig dachte sie: »Oh, das ist eine Gelegenheit zu üben.« In diesem Moment wurde sie von dem hinter ihr hupenden Auto aus den Gedanken gerissen.

Solche Dinge passieren uns ohne Unterlass, was aber keinesfalls das Problem ist. Es kommt auch nie der Punkt, an dem wir quasi zum heiligen Soundso werden. Sehr wenige Menschen sind vollkommen frei von diesen Limitierungen. Aber es ist schon ein riesiger Unterschied zwischen einem völlig blockierten Zustand und einem, in dem man sich bereits zu fünfzig Prozent davon gelöst hat. Das ist immerhin eine fünfzigprozentige Freiheit!

Inner- und außerhalb des Freiraums

In dem Moment, da wir beginnen, wirklich in die direkte Erfahrung zu kommen, betreten wir eine neue Welt. Es ist der Augenblick, in dem unsere Übung zu echter Zen-Praxis wird: Sie hilft uns, unseren Freiraum zu erweitern, und er wird bis zum Tag unseres Todes immer weiter wachsen. Dieses Wachstum kennt keine Grenzen, und hinsichtlich unserer Übung sind wir alle noch Babys. Wir wenden die Praxis einfach nur an, aber das Leben wird interessanter. Dank des Sitzens beginnen wir zu erkennen, dass wir weder unser Körper noch unser Geist sind. Natürlich haben wir einen Körper und einen Geist, beide sind wichtig und wir sollten gut für sie sorgen. Doch sie sind nicht, wer wir wirklich sind. Durch sie treten wir ein. In Wahrheit sind wir weit wie der Raum, grenzenlos. Das ist das torlose Tor.

Natürlich ist dieser weite Raum keiner, in dem wir bleiben, in dem wir es uns gemütlich machen und abhängen. Es ist kein magischer Ort, den wir erreichen, an dem wir am Ende unserer Reise angekommen sind. Erleuchtung ist kein Zustand, den man ein für alle Mal »erlangt« hat, um sich dann auszuruhen. So funktioniert das nicht. Wir erleben etwas mehr Raum, und im nächsten Moment verfallen wir schon wieder in unsere Konditionierungen, schnauzen unsere Kinder an oder sind wegen der Arbeit angespannt. Für uns Menschen – und ganz besonders hier in der westlichen Welt, wo ein konstanter Druck herrscht, uns von unserer Konditionierung leiten zu lassen – ist es nicht einfach, loszulassen.

Eins der größten Missverständnisse im Westen bezüglich der Meditationspraxis ist, dass wir glauben, wir würden irgendwann plötzlich erleuchtet sein. Es ist wahrscheinlich, dass sich, wenn Sie regelmäßig üben, große Veränderungen einstellen, auch wenn Sie dann vielleicht gewöhnlicher wirken als je zuvor. Doch selbst mit regelmäßiger Praxis kommt es sicherlich weiterhin vor, dass Sie unvernünftig handeln, die Geduld verlieren und so weiter. Das Ziel der Übung ist nicht, einen Zustand zu erreichen, in dem wir über allem anderen schweben, sondern so zu praktizieren, dass wir das Leben voll erfahren. Jede und jeder von uns. Dabei spielt es keine Rolle, wo wir gerade sind. Sitzende Praxis ist keine Tugend an sich, es geht dabei nur darum, was wir für unser Leben wünschen. Und wenn wir länger in unserer Erfahrung ruhen, wird auch diese Motivation sich beständig weiterentwickeln und verändern.

FÜNFTER TEIL

VERTRAUEN

Auf Pastinaken treffen

Unsere Fortentwicklung in der Praxis vollzieht sich schrittweise. Wir befinden uns lange in einem Abschnitt: Normalerweise bleiben wir jahrelang in derselben Praxisperiode, dann verschiebt sich plötzlich etwas, und es öffnet sich etwas in unserem Leben. Ein neuer Abschnitt beginnt. Das Unangenehme an der Sache ist, dass diese Veränderungen fast immer durch Krisen oder Schwierigkeiten ausgelöst werden. Jede einzelne dieser Phasen kann viele kleinere Krisen beinhalten, denn es liegt in der menschlichen Natur, dass sie uns fast täglich solche Krisen beschert. Doch irgendwann unterwegs vollziehen sich schließlich auch größere Veränderungen.

Wir alle begegnen auf die eine oder andere Weise solchen Schwierigkeiten. Sie äußern sich bei jedem und jeder von uns anders, doch sie sind uns allen vertraut. Wir alle nehmen ziemliche Anstrengungen auf uns, um sie zu vermeiden, doch ohne Erfolg. Vielleicht ist es eine schwere Krankheit, vielleicht sind es Probleme bei der Arbeit oder in unserer Beziehung, oder wir durchleben eine innere Krise. Manchmal kommt es auch zu einer Häufung von Sorgen und Problemen.

Praxismethoden und Traditionen, die versprechen, Leichtigkeit und Licht zu bringen, sind nicht ehrlich. Was wir jedoch durch regelmäßiges Sitzen – zuerst unfreiwillig – sehr wohl lernen, ist, mit den Krisen umzugehen. Wenn wir konsequent und ehrlich üben, öffnen wir uns, wir werden sanfter, verletzlicher, mitfühlender und vielleicht sogar etwas bescheidener.

Ich sage ganz bewusst »etwas bescheidener«, denn das ist ein heikler Punkt. Nach außen wirken wir unter Umständen bescheiden, innerlich sind wir aber arrogant. Wird dann etwas, von dem wir glauben, wir würden uns gut damit auskennen, in Zweifel gezogen – und das geschieht mehrmals täglich –, fühlen wir uns angegriffen. Und wenn wir die vielen kleinen täglichen Unannehmlichkeiten nicht nutzen, um zu praktizieren, fühlen wir uns, wenn etwas wirklich Großes geschieht, wie ein Nichtschwimmer, der in stürmischer See über Bord geht. Wir müssen also das tägliche Leben zur Praxis machen, um »schwimmen« zu lernen – zumindest so gut, dass wir in tieferen Gewässern nicht in Strudel geraten. Es liegt im Wesen des regelmäßigen Übens, dass es uns hilft, nicht unterzugehen. Doch obwohl es uns vielleicht das Leben rettet, möchten wir es nicht unbedingt tun. Um genau zu sein: Wir werden fast alles unternehmen, um den Schmerz und die Probleme nicht spüren zu müssen.

Sie können sich die sitzende Praxis wie Essen vorstellen, nur dass wir statt Nahrung Schwierigkeiten zu verdauen haben. Nehmen wir an, Sie essen alles gern außer einem: Pastinaken. Ich persönlich kann sie nicht ausstehen. Doch Ihre beste Freundin lädt zum Abendessen ein – und was steht in der Mitte der gedeckten Tafel? Eine riesige Schüssel mit Pastinaken! Ihre Freundin erklärt strahlend, sie habe ein neues Rezept ausprobiert und es werde Ihnen fantastisch schmecken. Schon füllt sie Ihren Teller mit diesem zweifelhaften Gemüse. Gibt es noch ein Entkommen? Von Nahem sehen sie übrigens auch nicht besser aus, sondern noch schlimmer. Was machen Sie also?

Wir möchten uns Schwierigkeiten vom Leibe halten – vielleicht über Pastinaken diskutieren, aber auf keinen Fall auch nur eine einzige essen. Wir würden alles andere bevorzugen, selbst Ameisen und Grashüpfer oder Froschschenkel. Pastinaken? Auf gar keinen Fall! Bis wir in eine Situation kommen, in der wir nicht mehr darum herumkommen. Wir sind an dem Punkt angelangt, an dem diese »Leibspeise« – die Schwierigkeiten – direkt vor unserer Nase steht. All die Spannungen und das Leiden, die daher kommen, dass wir so tun, als hätten wir mit etwas keine Probleme, liegen offen vor uns, wir können ihnen nicht mehr aus dem Weg gehen. Zugleich haben wir keine Ahnung, wie es ist, wenn wir nicht länger ausweichen können.

Also probieren wir es mit allerhand Tricks. Wenn wir die Pastinaken schon nicht meiden können, versuchen wir alles Mögliche, um den anderen weiszumachen, wir hätten sie gegessen. Ist ein Hund zur Hand, können wir probieren, ihn anzulocken und sie ihm unter dem Tisch zu füttern. Ganz gleich, ob wir sie auf unserem Teller hin- und herschieben oder ein Buch über sie lesen, eine Pastinake bleibt eine Pastinake. Sie ist immer noch da und muss gegessen werden. Also, was tun wir?

Es ist wichtig, unsere Reaktionen ehrlich zu erleben. Ich sage nicht, dass wir versuchen sollten, uns einzureden, wir würden das Gemüse jetzt unglaublich mögen. Bei falsch verstandenem positivem Denken würden wir sagen: »Weißt du, Pastinaken sind wirklich großartig. Ich kann mich glücklich schätzen, welche zu essen. Andere Leute verhungern. Also werde ich sie einfach genießen«, und dann müssen wir uns am Ende noch übergeben. Dies wäre kein ehrliches Umgehen mit der Situation.

Wenn Sie es nicht über sich bringen, es zu essen, schauen Sie sich den kleinen Berg des Gemüses auf Ihrem Teller an. Lassen Sie sich ganz auf ihn ein, oder, in unserer Terminologie, erfahren Sie ihn aufrichtig – spüren Sie Ihre Körperwahrnehmungen. Schließlich wird es Ihnen nicht mehr so schwerfallen, die Pastinaken zu essen. Manchmal müssen wir auf halbem Weg stehen bleiben und nichts anderes tun, als das Problem anzusehen und sehr lange zu spüren, wie wir uns ihm gegenüber fühlen.

Schließlich nehmen Sie, wenn Sie können, einen kleinen Bissen auf Ihre Gabel, führen ihn zum Mund und schlucken ihn herunter – und dann einen weiteren. Und beim nächsten Mal, wenn dieses besondere Gemüse auftaucht, denken Sie sich: »Gut, das letzte Mal bin ich nicht daran gestorben, also kann ich diesmal ja vorsichtig ein paar Bissen mehr wagen.« Wir tasten uns heran. Genau darum geht es in der täglichen Praxis: erst einen kleinen Happen, dann etwas mehr … Unsere Fähigkeit wächst. Sie müssen Pastinaken nicht mögen, aber manchmal können Sie sie essen.

Pastinaken begegnen wir überall. Es gibt nur eine mögliche Antwort darauf. Wir tun, was wir zu tun haben, und begreifen, worum es in der Praxis geht: darum, unsere Widerstände zu verstehen und ein wenig besser zu wissen, wie wir mit ihnen umgehen können. Und uns der Tatsache bewusst zu sein, dass, selbst wenn wir nun mit Pastinaken umgehen können, das nächste Problem schon auf uns wartet.

Selbstvertrauen

Bei dieser Praxis geht es um Freiheit, und zwar erneut nicht um eine schöne Idee namens Freiheit, sondern darum, so frei zu sein, dass wir autonom handeln können. Sind wir von hundert Variationen unserer Pastinakenaversion erfüllt, sind wir wie gelähmt. Wir sind so sehr damit beschäftigt, Dinge zu vermeiden und verstandesmäßig zu bewerten, dass uns keine Zeit für das Leben selbst bleibt. Wir müssen uns einem Problem nach dem anderen stellen, denn sonst können wir nicht leben. Wir sind sonst nicht frei; das Leben erscheint uns sinnlos sowie voller Zwänge. Dieses permanent unangenehme Gefühl überschwemmt uns wie eine Welle. Unsere gesamte Praxis dient dazu, unsere Freiheit zu erweitern – jedoch nicht die, zu tun, was wir wollen, sondern die, in jeder Situation mit dem zu sein, was ist, und angemessen und mit Mitgefühl darauf zu reagieren.

Selbstvertrauen erlangen wir nicht, indem wir ein Buch lesen und dann das darin vorgeschlagene Programm mit einem Dutzend Punkten anwenden. Es entsteht vielmehr im Erfahrungsprozess, indem wir versuchen, gewisse Dinge erst einige Male zu vermeiden, und uns schließlich auf sie einlassen. Dabei lernen wir, dass man diese Dinge durchaus verarbeiten kann, und entsprechend beginnen wir zu verstehen, was Praxis ist und wie wir sie nutzen können. Sie schenkt uns Freiraum. Üben ist nicht sinn- und ziellos. Wenn Sie mit den Pastinaken umgehen können, können Sie zu jedem Abendessen gehen, der Gastgeberin galant und zuvorkommend begegnen und essen, was serviert wird.

Haben wir diese Widerstandskraft und das Selbstbewusstsein, strahlt es aus und steckt andere an. Wenn Sie mit Ihrem Partner oder Ihrer Partnerin besser klarkommen, sind auch Ihre Kinder glücklicher. Und so ist es in allen Bereichen. Doch auch hier heißt es nicht, alles zu schlucken, was uns vergiftet. Wenn eine Beziehung oder eine Situation nicht gut für unsere Gesundheit ist, sollten wir uns aus ihr herausziehen. Freiraum zu haben bedeutet, dass wir mit allem umgehen können, was uns das Leben bringt, und dazu gehört auch, besser unterscheiden zu können, was und wie viel wir verarbeiten können, was unserer Gesundheit förderlich ist und was wir besser hinter uns lassen. Die Frage, die sich nun stellt, ist: Wie können wir die Dinge so verdauen, dass sie uns nähren und uns stärken?

99,4 Prozent unserer Probleme …

Die meisten von uns stellen sich eine grundlegende Frage: Wie können wir ein sinnvolles und in gewisser Hinsicht angenehmes und zufriedenes Leben führen? Die Frage ist berechtigt, doch warum ist sie so schwer zu beantworten? Irgendetwas stört uns immer. Wenn es nicht bestimmte Personen sind, dann sind es Situationen, die wirtschaftliche Lage, die nächsten Wahlen oder etwas anderes, das sich irgendwo auf der Welt zuträgt. Und falls uns gerade nichts plagt, ist im Hintergrund immer noch diese versteckte Stimme, die uns sagt, dass es nicht so bleiben wird, was wahrscheinlich auch ganz richtig ist. Wir kaufen unglaublich viele Sachen, und auch wenn das im Moment vielleicht Spaß macht, wissen die unter uns, die praktizieren, dass dies keine Lösung ist. Als Menschen, die einen solch erstaunlichen Geist besitzen, suchen wir nach der Antwort auf diese Frage. Vielleicht wünschen wir uns eine magische Erkenntnis, eine Vision für unser Leben und eine großartige Erfahrung, die alles löst.

Ein Zen-Mönch fragte einmal den großen Meister Dazhu Huihai: »Was ist das große Nirwana? Es ist die Frage, die uns alle beschäftigt: ›Was ist die Antwort, die alles löst?‹« Die Antwort des Lehrers lautete: »Nicht so zu handeln, dass man dem Karma von Geburt und Tod untersteht, ist das große Nirwana.« Der Mönch fuhr fort: »Was ist dann das Karma von Geburt und Tod?« Und der Lehrer antwortete: »Das große Nirwana zu begehren ist das Karma von Geburt und Tod.«

Stören Sie sich nicht an dem Wort »Karma«. Dazhu Huihai meinte damit einfach nur, dass der Fehler bereits darin liegt, die alles klärende Antwort auf diese Frage finden zu wollen.

Doch wir alle wünschen uns so eine großartige Antwort. Was tun wir also? Unser Leben passt uns nicht so recht, und wir suchen eine Lösung. Der Meister sagt hingegen, dass schon das Verlangen nach der Antwort unser Fehler ist, und mit dieser Weisheit stehen wir noch unbefriedigter da als zuvor.

Ich besitze ein altes Buch, über das ich vor vielen Jahren viel nachgedacht habe. Es ist so alt und zerfleddert, dass es kaum noch zusammenhält. Autor ist ein englischer Philosoph, der, warum auch immer, das Pseudonym Wei Wu Wei annahm. Er schrieb, dass 99,4 Prozent unserer Probleme aus unserer Sorge um unser Selbst herrühren. Und es gibt kein solches Selbst. Mit anderen Worten: All unsere Probleme sind nur Variationen von »Mein Selbst wird von anderen, die sich ebenso für ein Selbst halten, gestört«. Und das, wo all diese »Selbst« nur Illusion sind.

Es existiert kein getrenntes »Selbst«, da nichts im gesamten Universum von allem anderen unabhängig ist. Aus der absoluten Perspektive betrachtet ist nirgendwo Trennung. Auf der Ebene, in der wir leben, gibt es allerdings nur Probleme. Auch deshalb ist es ein riesiger Fehler, sich darauf zu fixieren, die Wahrheit des Lebens und die Quelle allen Glücks zu suchen. Zu denken: »Ich muss alles verstehen«, ist der falsche Ansatz, schon allein deswegen, weil es kein »Ich« gibt, das irgendetwas verstehen könnte.

Wir sind permanent damit beschäftigt, unser eigenes »Selbst« dem der anderen gegenüberzustellen. Wenn wir uns dieses Selbst genau anschauen – und mit einem entsprechenden Mikroskop ausreichend vergrößern –, sehen wir, dass wir aus Molekülen zusammengesetzt sind. Doch könnten wir auch das wieder mit einem weit genaueren Instrument vergrößern, würden wir feststellen, dass wir zum größten Teil aus Licht und Energie bestehen. Wissenschaftler bekommen dadurch schon eine Ahnung davon, dass wir alle Teil des Gleichen sind.

Unser Problem liegt darin, dass wir auf der Ebene, in der wir leben – der materiellen Ebene, wie wir sie nennen –, in kleine Päckchen aufgeteilt sind, die aussehen wie ein Ich, ein Du, jemand, den ich mag, oder jemand, den ich nicht mag. Wir alle kennen dieses Schubladendenken. Nun ist es ein Leichtes, darüber zu philosophieren und zu dem Schluss zu kommen, dass wir alle eins sind. Doch kaum hat uns jemand beleidigt, spielt es für uns schon keine Rolle mehr, dass er auf letzter Ebene nicht von uns getrennt ist. Auf der alltäglichen und der körperlichen Ebene schmerzt es dennoch. Das ist die Krux, wenn wir unser Problem des Menschseins mit philosophischem und physikalischem Wissen angehen. Die Dinge intellektuell zu verstehen beeinflusst noch nicht unser Leben. Ich kann mir sagen: »Er ist nur ein Bündel Licht, und ich bin ebenfalls nichts als Energie«, doch wenn ihm mein Mittagessen nicht schmeckt, bin ich trotzdem ärgerlich. Letztendlich ist alles eine große Einheit, aber in unserem Alltag sind wir uns dessen für gewöhnlich nicht sonderlich bewusst.

»Schmeckst du schon, oder urteilst du noch?«

Was in aller Welt hat all das mit unserem Leben im Hier und Jetzt zu tun? Wir können auf eine Weise praktizieren, die das, was wir für unser eigenständiges Ich halten, etwas unterhöhlt. Hierzu üben wir mit dem, was gerade ist, und lassen dabei die vielen Gedanken hinter uns, denn Momente der letztendlichen Wirklichkeit können wir nur dann erleben, wenn unsere Erfahrung nicht von Gedanken und Urteilen verdeckt ist.

Vor ein paar Tagen aß ich mit einer Gruppe meiner Schülerinnen und Schüler. Einer, der schon lange dabei war, fragte einen anderen: »Schmeckst du schon, oder urteilst du noch?« Diese beiden Herangehensweisen – Schmecken und Urteilen – fassen das menschliche Problem in aller Kürze zusammen. Wenn wir nur schmecken, joggen, die Schnürsenkel binden oder ein Spiegelei braten, ist da kein Selbst. Können Sie sich während der Mahlzeit darauf konzentrieren, den Haferschleim, den Reis oder was immer Sie gerade verspeisen, zu schmecken? Mit anderen Worten: Drehen Sie sich geistig um die Erfahrung, oder erleben Sie sie einfach nur? Vielleicht haben Sie eine Meinung über den Haferschleim. Wir widmen unseren Überzeugungen viel Zeit.

Das bedeutet nicht, dass wir beim Essen nichts anderes wahrnehmen dürfen. Essen Sie einfach und seien Sie all dessen gewahr, was Sie dabei erfahren, also nicht nur der Speise, sondern auch der Geräusche, der Lufttemperatur und all der anderen Phänomene. All diese Wahrnehmungen sind ebenfalls Bestandteil der Erfahrung, einfach nur zu essen.

Wenn wir Dinge tun – wirklich nur tun –, besteht keine Gefahr, in den Vorstellungen unseres Selbst festzustecken.

Schmecken Sie Ihr Essen oder sorgen Sie sich, analysieren Sie, spekulieren Sie, oder erinnern Sie sich an etwas? Oder gerade jetzt: Lassen Sie die Worte auf sich wirken, oder urteilen Sie über sie? Wahrscheinlich ist es eine Mischung aus beidem. Gefällt mir diese Idee? Bin ich mit ihr einverstanden? Vielleicht beeilen Sie sich auch, das Kapitel zu Ende zu lesen, damit Sie Zeit für etwas anderes haben, das Sie sich für heute Nachmittag vorgenommen haben. Schmecken Sie, oder urteilen Sie? Fahren Sie, wenn Sie am Steuer sitzen, oder denken Sie über die Ereignisse der letzten Woche nach? Bereiten

Sie Ihren Unterricht vor, oder kontemplieren Sie, was beim letzten Kurs geschah?

Hören Sie zu, oder glauben Sie, schon bevor die Person fertig ist, zu wissen, was die Person sagen will? Zuhören ist eine problematische Angelegenheit, den meisten von uns fällt es unglaublich schwer. Sind Sie empfänglich für die Worte der anderen, oder schieben Sie sie innerlich beiseite? Wir wollen nicht empfangen, sondern uns außen vor halten und uns mit unserem begrenzten Geist eine Meinung über das bilden, was draußen geschieht. Wir wollen urteilen, denn das gibt uns ein Gefühl der Sicherheit. Ich halte Sie auf Abstand, vielleicht fünfzig Zentimeter, auf keinen Fall näher. Spüre ich in meinen Körper, oder rege ich mich auf? Sobald wir unseren Körper wirklich spüren, sobald wir im Schmecken sind, ist da kein Selbst, denn in der reinen Erfahrung unseres Erlebens ist dafür kein Raum. Kein Selbst, kein Problem.

Wenn wir morgens aufwachen und einen schwierigen Tag vor uns haben, schießen uns sofort eine Menge Gedanken durch den Kopf. Manchmal denke ich, wenn ich meinen Kalender anschaue: »Widerlich, einfach nur widerlich.« Doch ich habe genug geübt, um mir das nur einmal zu sagen und mir dann meinen Weg durch jedes einzelne Ding, das ich tue, zu bahnen und alles zu spüren. Es ist okay. Angewidert zu sein ist auch in Ordnung. Doch die Frage ist: Bleiben wir bei dem Gefühl, indem wir grübeln oder uns sorgen und uns selbst bemitleiden – was durch die Bank aus unserer Konditionierung geboren wird –, oder schmecken wir den gegenwärtigen Augenblick?

Wozu der Geist dient

Tendenziell glauben wir, wir müssten nur die Frage klären, was das Leben ist, und schon könnten wir glücklich sein. Aber sie ist nicht zu klären. Ist das nicht enttäuschend? Stattdessen gibt es nur Erfahrung. Was nicht heißt, dass man nicht denken sollte, denn man muss sich schon überlegen, wie man die Sache angeht. Aber in erster Linie geht es darum, zu erleben, statt immer in Eile zu sein, sich zu sorgen, sich Vorwürfe zu machen oder die Fehler bei anderen zu suchen. Gelingt das, zeigt sich allmählich ein gewisses Verständnis und das Leben wird klarer. Hierzu muss man nicht einmal über die Dinge nachdenken, denn unser wahres Selbst kommt zum Durchbruch.

Es ist entscheidend, sich bei der Praxis seines Geistes auf intelligente Art zu bedienen. Oft genug nutzen wir ihn jedoch nicht, um besser zu verstehen, sondern um andere zu bewerten und zu verurteilen oder um zu überprüfen, ob jemand Fehler macht, derentwegen wir wütend werden, es all unseren Freundinnen und Freunden erzählen und manchmal sogar über Tage und Wochen darüber nachgrübeln.

Nehmen wir einmal an, wir haben eine gute Freundin, die uns plötzlich, ohne erkennbaren Grund, nicht mehr anruft und den Kontakt abbricht. Wir sehen sie nicht mehr. Mir ist das einmal passiert, als ich noch sehr jung und frisch verheiratet war. Mein damaliger Mann und ich waren mit einem anderen Paar befreundet und unternahmen gemeinsam alle möglichen Dinge, gingen wandern oder luden uns gegenseitig zum Abendessen ein. Damals hatten wir alle noch keine Kinder. Es war eine nette Freundschaft, wir telefonierten drei oder vier Mal die Woche. Eines Tages hörte meine Freundin ganz unvermittelt auf, mich anzurufen. Das war noch vor der

Zeit der Sprachnachrichten oder Anrufbeantworter, und wenn ich sie anrief, legte sie auf, sobald sie meine Stimme hörte. Ich war am Boden zerstört. Was hatte ich getan? Ich habe es bis heute nicht erfahren, und ich habe nie wieder von ihr gehört.

Wie reagieren wir in solch einem Fall? Glauben Sie, meine große Zehe macht deswegen Überstunden? Natürlich nicht, aber meine Gedanken schon! Sie drehen sich im Kreise. Hier hilft es, sie zu benennen. Unser Verstand versucht, das Problem auf »Ich habe recht und die andere liegt falsch« zu reduzieren. Damit meine ich nicht, dass wir es unterlassen sollten, die Sache verstandesmäßig, mit quasi wissenschaftlicher Genauigkeit zu untersuchen, denn das kann bisweilen auch hilfreich sein. Wir sollten aber die sinnlose Gewohnheit aufgeben, uns gedanklich im Kreise zu drehen und zu grübeln, warum beispielsweise meine Freundin nicht mehr anruft. Lasse ich mich auf den Schmerz ein, oder verteidige ich mich und reagiere? Den Gedanken freien Lauf zu lassen ist eine andere Spielart des Letzteren.

Erleben wir schwere Schläge, haben die meisten von uns keinen Einfluss auf ihren Geist – er verselbstständigt sich. Genau das ist der Grund, warum regelmäßige Praxis so wichtig ist. Selbst in Zeiten, in denen unser Leben in eher ruhigen Bahnen verläuft und sich die Dinge für uns relativ gut entwickeln, können wir den »Praxismuskel« trainieren, und haben die Kraft, auch schwerere Gewichte zu stemmen, wenn das Schicksal kräftiger zuschlägt. Jahrelanges Üben ermöglicht es uns, das, was wir durchmachen, anzuschauen und das damit verbundene Leid endlich zu spüren und uns darauf einzulassen – was so ziemlich das Letzte ist, was wir tun möchten.

Unsere Aufgabe besteht darin, das Elend so gut und so umfassend zu spüren, wie wir können, und zwar ohne darüber nachzudenken. Bleiben wir im Prozess der Erfahrung, statt darüber zu urteilen, kommt es zu Heilung. Gleichzeitig zeigt sich ein gewisses Verständnis der Situation, in der wir uns befinden. Wir beruhigen uns und sind in der Lage, etwas Sinnvolles zu tun.

Tu eine Sache

Vor vielen Jahren, als ich noch im normalen Berufsleben stand, hatte ich einen Merkspruch auf meinem Schreibtisch: »Tu immer nur eine Sache auf einmal.« Wenn ich telefonierte, schrieb ich nicht, es sei denn, ich musste mir Notizen machen. Ich tat eins nach dem anderen. Anfangs war das keine leichte Übung. Ein solches Training wirkt oft zunächst stumpfsinnig, doch wir kommen nicht darum herum, denn nur so kann sich der Muskel unserer Muster neu ausbilden. Die Praxis trainiert den Geist, damit er nicht mehr, sobald er auf einen Reiz anspringt, automatisch den gleichen Abläufen folgt. Denn genau diese automatische Reaktivität führt dazu, dass wir uns überrannt fühlen. Da wir uns derart daran gewöhnt haben, Dinge so zu tun, wie wir sie immer getan haben, hilft es, mit einem sehr disziplinierten Training zu beginnen. Sobald unser Muskel dann stärker ist, können wir mit unserer Praxis auch anderes erkunden.

Ich drücke das gern so aus: »Mach einfach deine Arbeit.« Vielleicht beginnen Sie mit kleinen Schritten. Praktizieren Sie beispielsweise während einer Mahlzeit am Tag urteilsfreies, bewusstes Schmecken. Sie legen Ihr Telefon beiseite und lesen oder schreiben nicht, sondern widmen sich nur dieser einzigen Handlung. Üben als Selbstzweck ist sinnlos, denn das Leben ist so, wie es ist, in Ordnung, aber ohne ein gewisses Maß an ausdauernder Praxis sehen wir das nicht.

Wir können genau festlegen, wann und in welchen Situationen wir während der Woche üben wollen. Ich hatte einen Schüler, der als Chirurg in einem Krankenhaus in Los Angeles arbeitete. Aufgrund seiner anstrengenden Arbeit war er andauernd erschöpft, ein nervliches Wrack. Er gewöhnte sich die Praxis an, immer dann, wenn er die Gänge des Krankenhauses entlanglief, auf nichts anderes zu achten als die Empfindungen seiner Fußsohlen, die den Boden berührten. Er richtete sein ganzes Gewahrsein auf das Laufen und vermied es, an die Operation zu denken, die vor ihm lag oder die er gerade hinter sich hatte. Nur die Füße und nichts als die Füße. Nach einer Weile stellte er fest, dass er am Ende des Tages weniger müde war. Diese Übung schenkte seinem Körper und seinem ganzen Wesen kurze Augenblicke der Erholung, was sich auch auf seine Arbeit positiv auswirkte.

Praxis ist keine Zeitverschwendung. Auf lange Sicht wird man durch sie sogar – um es ganz amerikanisch auszudrücken – effektiver. Eigentlich ist geistige Abwesenheit bei einer Beschäftigung das Uneffektivste, das man nur tun kann.

Die Weite und die Erdnussbutter

Das uns sichtbare Universum zeigt sich weder durch die darin lebenden Wesen noch unabhängig von ihnen. Der sichtbare Aspekt der Wesen zeigt sich gleichzeitig mit jenem des Universums, und dieses wird im selben Augenblick sichtbar.
Wei Wu Wei: Das uns sichtbare Universum

Mit diesen etwas komplizierten Worten will der taoistische Philosoph Wei Wu Wei sagen, dass in Raum und Zeit nichts existiert und dass alles genau in dem Augenblick entsteht, in dem wir es sehen. Wahrnehmende und Wahrgenommenes sind Teil desselben Augenblicks und derselben Erfahrung des Sehens. Doch denken Sie lieber nicht zu viel darüber nach, sonst treibt es Sie in den Wahnsinn. Dennoch liegt in alledem ein wichtiger Aspekt für das Verständnis der Welt um uns. Mein Universum – hier und in dieser Sekunde – besteht aus mir selbst, Ihnen, dem Verkehr draußen, dem Teppich vor uns, den grünen Blättern der Bäume. All dies ist Teil des sichtbaren Universums – unseres Universums. Für Sie besteht es in den Worten, die Sie hören, und allem anderen, das Sie erfahren. Die Vorstellung, es gäbe eine Welt, die vor fünf Minuten existiert hat und auch in fünf Minuten noch die Gleiche ist, ist nichts als eine Idee in unserem Kopf. Es gibt nur dieses Sichmanifestieren, das ist alles. Es hat keine Zeit, keinen Raum und ist dennoch da. Jianzhi Sengcan, der dritte Patriarch des Zen, schreibt in einem langen und wunderschönen Gedicht namens »Hsin-Hsin Ming« oder »Einprägung des Vertrauens in den Geist«, das wir ab und an lesen: »Das unendliche Universum ist stets direkt vor euren Augen« – die sich zeigende Welt, sie ist nichts als das, was erscheint. Wir werden darauf zurückkommen.

Die Zen-Lehrerin Maurine Stuart sagte einmal: »Zen wäscht alle konzeptuellen Gedanken fort und macht den Geist klar und frisch.« Den Geist des Zazen kultivieren wir durch das stille Sitzen, und dabei geht es nicht darum, über Dinge intellektuell zu spekulieren, sondern sie wirklich zu erleben. Wenn das Universum außerhalb von Raum und Zeit erscheint, folgt daraus, dass alles, was sich zeigt, gleich wichtig ist – ganz egal ob es der Schmerz in Ihren Beinen ist, die Kakerlake, die sich in Ihrem Haus eingenistet hat, oder die Arbeit, die Sie gern hätten oder gerade verloren haben. Wenn etwas erscheint, wollen wir, dass es greifbar ist, wir wollen es festhalten, uns darüber Gedanken machen können und glauben, es sei solide und real. Doch dem ist nicht so, alles erscheint einfach nur. Die Person, die Sie hassen, erscheint einfach nur. Da sind nicht Sie, die Person, die Kakerlake und der Schmerz. Das ist, was der Zen-Meister Dogen »das Wesen alles Seienden« nannte. Wir sind nicht einmal Teil von all diesem Seienden, denn es gibt nur das ganze Seiende, das erscheint.

Unsere Aufgabe als Übende liegt darin, dieses Erscheinen zu erfahren. Abstraktes Nachdenken ist nicht der Weg. Wir erfahren »denjenigen, den wir hassen«, nicht rein verstandesmäßig, sondern erleben ihn wie diese Harriet, die kleine Detektivin, die gerade da vorn sitzt. Was war es, das Sie heute als von Ihnen getrennt wahrgenommen haben? War es die Kakerlake? Der Anruf, den Sie erhielten, wo Sie doch auf einen anderen gewartet haben? Ihr Liebhaber oder Ihre Liebhaberin? Ihr Kind? Wer oder was ist Ihnen Ihrer Meinung nach in manchen Situationen nicht gleich? Von früh bis spät urteilen wir ununterbrochen über Tausende Dinge. Täten wir das nicht, würden wir nichts vernachlässigen, durcheinanderbringen oder verzerren, würden eine Situation oder Person nicht einer anderen vorziehen. Wir würden weder die Geduld verlieren noch wütend werden oder komplizierte Vorstellungen in die Richtung haben, dass wir ein Opfer sind. Würden wir all diese Dinge einfach als Erscheinungen jenseits von Raum und Zeit sehen, wäre uns das gar nicht möglich.

Leben und Sterben, Bekommen und Geben – zwischen ihnen besteht kein Unterschied. Raum ist eine Illusion, also sind sie identisch. Erfolge und Fehlschläge, all das sind nichts als Gedanken, mit denen wir Dinge, die sich der Beschreibung durch Worte entziehen, benennen. Zu sehen, wie alles erscheint, ist kein Gedanke, es ist einfach, was ist. Und das Einzige, was diese Einheit durchtrennt, ist das Denken. Wenn ich wirklich glaube, was ich von Harriet halte, dann ist sie nicht mehr etwas, das einfach erscheint, sondern wird zum Hindernis, das mir quasi bereits gegenübersitzt, etwas, das ich loswerden muss. Verstehen Sie, was ich meine? Statt einfach zuzulassen, dass sich die Phänomene zeigen, also etwas, das jenseits von Raum und Zeit ist, beiße ich mich an einer sehr starren Vorstellung von jemandem fest. Und da wir dies nicht nur in Bezug auf eine Person oder Sache machen, sondern hinsichtlich sehr vieler, schaffen wir uns ein Leben, das uns Schwierigkeiten bereitet.

Es läuft mir kalt den Rücken hinunter, wenn ich mir vor Augen führe, was ich den Tag über so tue. Da gibt es alles Mögliche, das ich vernachlässige oder verlege. Man muss ein Leben lang üben, um zu erkennen, dass es nichts gibt, was einem nicht gleicht. Wir sind nichts als ein beständig immer neues Erscheinen.

Doch selbst wenn uns diese grundlegende Gleichheit bewusst ist, haben wir noch Prioritäten. Es gibt Dinge, die wir erreichen wollen, und andere, die wir beiseitelassen. Allerdings ändert sich die Einstellung, mit der wir diese Prioritäten setzen. Wenn wir die jeweilige Erfahrung wirklich wertschätzen, können wir nicht mehr nachlässig sein. Natürlich schweift unsere Aufmerksamkeit immer wieder von dem, was gerade stattfindet, ab und kehrt zu unserem Selbstbild zurück. Unsere Konditionierung versucht verzweifelt, zu erreichen, dass unser Leben über längere Zeiträume stabil ist; sie versucht, es zu kontrollieren und in irgendeiner Weise so zu regeln, dass es nicht wehtut – oder wir das Leid zumindest nicht spüren. Doch dies geht auf Kosten unserer Lebendigkeit, denn es lenkt unsere Aufmerksamkeit ab von dem, was gerade in dieser Sekunde entsteht, und so sterben wir in gewisser Weise ein wenig. Die Praxis hilft uns, wieder zu leben.

Ein kleiner Ausrutscher

Mein ältester Sohn ist Athlet. Er ist in ausgezeichneter Form, und wenn er in der Stadt ist, besucht er mich immer, um zu schauen, wie es mir geht. Oft sagt er: »Hm, da hast du einen kleinen Ausrutscher.« Ich liebe diesen Ausdruck. Bei uns Menschen geht es immer um solche kleinen Fehltritte. Sind wir des Universums, in dem wir leben, nicht gewahr, unterlaufen uns alle möglichen Ausrutscher, und meistens sehen wir sie auch. Wenn wir zum Beispiel die Geduld verlieren und wütend werden, wenn wir emotional überschäumen und uns dessen nicht bewusst sind, sind das solche Fehltritte.

Wir alle sind unachtsam, wenn auch in unterschiedlichem Ausmaß. Je nach unserer Konditionierung nimmt das verschiedene Formen an, die ganze Bandbreite von chaotisch über nachlässig bis hin zu, im Gegenteil, vollkommen durchorganisiert oder peinlich sauber. Wenn Letzteres der Fall ist: Was ist Ihnen entgangen? Hier liegen die Dinge schwieriger als beim anderen Extrem. Waren Sie je in einem Haus, in dem Sie Angst hatten, sich zu bewegen, da Sie fürchteten, etwas in Unordnung zu bringen?

In einer Hinsicht extrem zu sein bedeutet meist, etwas anderes zu übersehen. Ich muss gerade an den kleinen Haufen neben meinem Bett denken. Ich hatte in letzter Zeit so viel zu tun, dass ich mir immer wieder sagte: »Oh, ich lese das Buch später, ich lege das mal kurz hierhin.« Das tat ich mit so einigem, und der Stapel wurde immer größer. Und jedes Mal, wenn ich etwas dazulegte, wanderten meine Gedanken schon woandershin. Sie waren nicht da.

Es gibt eine Menge zu bemerken. Ich kann den Haufen neben meinem Bett wahrnehmen, ich kann mir auch der Tatsache bewusst sein, dass ich ihn da, wo er ist, lassen will, weil ich zu müde bin, um ihn wegzuräumen. Auch das ist Gewahrsein. Je mehr wir wahrnehmen, desto mehr werden wir uns unserer Konditionierung bewusst sowie dessen, wie sie uns dazu bringt, in starren, festgelegten Bahnen zu leben, die uns scheinbar Sicherheit geben.

Wenn wir nicht achtgeben, tun wir gedankenlos Dinge, die andere Menschen und uns selbst verletzen. Zu diesem Mangel an Achtsamkeit zählt auch jede wie auch immer geartete Unfreundlichkeit. Wenn ich Sie wirklich anschaue und Ihnen meine volle Aufmerksamkeit schenke, ist es ziemlich schwer für mich, unfreundlich zu sein. Das kann ich nur, wenn ich Sie nicht wirklich sehe. Mein Verstand ist gefangen in meiner Konditionierung und ihrem Ein-Punkt-Plan, sich zu verteidigen. Ich bin derart auf meine Selbstwahrnehmung konzentriert, dass ich Sie nicht wahrnehme. Alle Unfreundlichkeit ist auch Unaufmerksamkeit, ein unzureichendes

Verständnis. Doch in Wirklichkeit gibt es nur den gegenwärtigen Moment, das Erscheinen, Erscheinen und wieder Erscheinen, sonst nichts. Die Realität, die sich vor fünf Minuten gezeigt hat, gibt es nicht mehr. Sie lebt zwar in unserer Erinnerung fort, doch als Realität existiert sie nicht mehr.

Angst ist Mangel an Achtsamkeit

Oft erzählen mir Leute: »Ich habe so viele Ängste, sie bestimmen mein Leben. Ich habe immer wieder den und den schrecklichen Gedanken.« Es klingt furchtbar. Wie viele von Ihnen sitzen da und fragen sich voller Sorge: »Was passiert als Nächstes?«

Doch Angst ist Mangel an Achtsamkeit. Ich meine das nicht wertend. Nehmen wir einmal an, ein Freund, der uns wichtig ist, liegt im Krankenhaus. Natürlich gehen wir zu ihm und bringen ihm etwas mit. Doch es ist Sonntag, und vor Dienstag kann man ihn nicht besuchen. Wir sorgen uns um ihn. Dabei wäre das Beste, das wir für ihn und für uns tun könnten, gewahr zu sein.

Seien Sie Ihres eigenen Lebens gewahr. Wenden Sie sich Ihren Gedanken zu und benennen Sie sie. Konzentrieren Sie sich auf die Körperwahrnehmungen und spüren Sie in sie hinein. Bleiben Sie bei dem, was Sie gerade tun. Angst besteht aus nichts als Gedanken in Kombination mit Körperwahrnehmungen und darin gefangen zu sein, besonders in den Gedanken. Unser Freund ist im Krankenhaus. Ich sage nicht, dass das einfach ist. Aber wir helfen ihm nicht, wenn wir uns in der Endlosschleife der Sorgen und Befürchtungen verfangen. »Was wird passieren? Es ist einfach fürchterlich!« Wenn wir so etwas über mehrere Tage tun, sind wir, wenn wir ihn schließlich besuchen können, völlig ausgelaugt und keine große Hilfe für ihn. Wenn wir dagegen in der Zwischenzeit Gewahrsein kultivieren, stärken wir unsere Fähigkeit, wirklich für ihn da und für sein Leiden empfänglich zu sein. In unseren Ängsten festzusitzen verhindert, dass wir aufmerksam sind, doch genau das ist das Wertvollste, das wir in einer Situation schenken können.

Nichts als das Ganze

> Leerheit hier, Leerheit dort, aber das endlose
> Universum ist immer direkt vor deinen Augen
> *Jianzhi Sengcan, der dritte Patriarch des Zen.*

Oft sagt man, wir seien Teil eines größeren Ganzen, doch genau genommen stimmt das nicht: Da es uns nicht gibt, gibt es auch kein eigenständiges großes Ganzes. Wenn etwas existiert, dann Ganzheit. Ganzheit gibt viel Raum, Dinge und Menschen wertzuschätzen. Ich schätze Sie nicht etwa, weil ich ein guter Mensch wäre, der gelernt hat, dies zu tun. Ich tue es, weil es kein »Sie« gibt, das von der Gesamtheit allen Lebens getrennt wäre. Alles entsteht gleichzeitig. Die Buddha-Natur ist die Gesamtheit des Seins. Bedeutet das, dass sie existiert? Oder dass es sie nicht gibt? Beides wären wieder nur Gedanken. Und mit Worten kommen wir hier nicht sonderlich weit. Sind wir jedoch unserer Erfahrungen im gegenwärtigen Augenblick gewahr, bringt uns das weiter.

Wenn wir gewahr sind, werden wir auch mit all unseren Emotionen, unseren Ängsten und den Angelegenheiten konfrontiert, die in unserem Leben nicht gut laufen, von denen wir aber gern hätten, dass sie es tun. Wie Maurine Stuart sagte: »Da Sie Ihren Geist des Zazen haben, hören Sie auf ihn.« Lauschen Sie, seien Sie empfänglich, und lassen Sie ihn herein. Tun Sie das nicht, leiden Sie. Tun Sie es, vollziehen Sie eine willkommene Veränderung und leiden weniger.

Wir sehen Zen-Praxis oft als einen Weg, die Natur der Dinge zu verstehen. Gleichzeitig hoffen wir, dass wir, sobald wir das größere Bild verstehen, nicht mehr so viele kleine Probleme haben. Doch das große Bild ist auch nur ein Gedanke, und die wichtigere Frage ist: Wie transformieren wir uns in diesem Moment?

Um das Ganze zu erfahren, müssen wir auf alles achten – von unserer Konditionierung über unsere Strategien bis hin zu den kleinen Situationen in unserem alltäglichen Leben, dem, was wir »schmecken«, und dem, was wir vernachlässigen. Rein intellektuell an Leerheit zu glauben ist ein Fehler, aber an die Realität der Dinge zu glauben ist hinsichtlich unserer Praxis eine Katastrophe.

Ich erinnere mich an einen langen Aufenthalt in einem Zen-Center. Wir frühstückten immer draußen im Nebel. Es war früh am Morgen und ziemlich kalt. Ich fühlte mich ein bisschen benommen, mir war etwas übel. Und plötzlich brüllte der Lehrer: »Wie kannst du an Erleuchtung auch nur denken, wenn du noch nicht einmal siehst, dass dein Nachbar die Erdnussbutter will?« Das machte mir richtig Spaß. Leute, die die Weite gesehen haben, aber nicht einmal in der Lage sind, die Erdnussbutter weiterzureichen, interessieren mich nicht sonderlich.

Sich nass machen

Sowohl als Lehrerin als auch als Praktizierende habe ich mich immer für das Spannungsfeld zwischen unserem falschen und unserem wahren Leben interessiert. Unser falsches Leben, also das Ersatzleben, das wir quasi als Trostpreis leben, entspringt unserer Konditionierung. Unser wahres Leben hingegen ist für unsere Erfahrungen offen und zugänglich. Und obwohl es genau das ist, was wir eigentlich suchen, sind wir zwischen den beiden Leben immer hin- und hergerissen. Wie können wir vom ersten zum zweiten wechseln? Was bringt uns unserem wahren Leben langsam näher?

Sie sind sicher auch schon am Strand entlangspaziert, haben sich vielleicht mit einem Freund oder einer Freundin unterhalten – und plötzlich nasse Füße bekommen. Es war Flut, und eine Welle war unerwartet stärker als die anderen. Erst sind es vielleicht nur ein oder zwei, bis eine dritte Welle noch weiter ans Land vordringt. Ziel unserer Praxis ist, dass die Gezeiten uns so weit wie möglich überschwemmen.

Auf die vielen Jahre meines Lebens zurückblickend kann ich sagen, dass die Flut meine Ufer nie ganz bedeckt hat. Vielmehr kann es sogar sein, dass sie sich manchmal ein wenig zurückzieht.

Solange ich denke, dass andere für mein Leben verantwortlich sind, gebe ich ihnen die Schuld an dem, was mir widerfährt. Vielleicht habe ich guten Grund dazu. Doch wenn ich das tue, lasse ich den Wellen nie den Raum, mich zu überfluten.

Täter oder Opfer

Angenommen, jemand hat mich betrogen und mich um meine hart verdienten Ersparnisse gebracht. In diesem Fall könnte ich mich als Opfer im herkömmlichen Sinne des Wortes betrachten. Nach unserem Verständnis der Praxis ist es allerdings anders, denn sie betrachtet die Dinge aus einem anderen Blickwinkel, erlebt sie quasi aus einer anderen Welt. Solange wir an die erste Welt glauben, werden wir die zweite nie zu Gesicht bekommen. Ich kenne keinen anderen Weg, die Flut kommen zu lassen, als den, die eigene Opferrolle aufzugeben. Doch es ist schwer, sich zu verändern. Schließlich durchdringt die Botschaft der Konditionierung mein Selbstbild, schwierig und unvollkommen zu sein, und bedingt die Schachzüge, die ich ständig machen muss, um den Schmerz der Konditionierung nicht zu spüren.

Die Praxis kann dazu beitragen, dieses Selbstbild und unsere Opferrolle zu erschüttern. Möglicherweise glauben wir jetzt nur noch zu fünfzig Prozent daran, dass wir Opfer sind, während es zuvor neunzig Prozent waren.

Teil der Aufgabe eines Lehrers ist es, diesen Prozess ein wenig zu beschleunigen. Das ist zwar unangenehm, aber nötig. Und selbst wenn er oder sie das tut, sind manche von uns sehr hartnäckig und halten noch eine ganze Weile durch.

Was bringt uns zu der Überzeugung, dass es noch eine andere Sicht auf die Dinge geben muss? Manche kommen dahin, weil ihr Surrogatleben nicht mehr funktioniert. Wir versuchen, was wir können, um es aufrechtzuerhalten, doch unter der Oberfläche lauert unabwendbarer Terror.

Statt die Rolle des Opfers einzunehmen, verfolgen manche von uns die Strategie, andere zu einem solchen zu machen.

Solange wir von unseren Konditionierungen bestimmt werden, leben wir im Dualismus: Hier bin ich, und dort draußen ist der Rest der Welt. Diese Sichtweise lässt uns kaum eine Wahl, wir können die Welt entweder ablehnen oder sie erdulden. Wir sind entweder Täter oder Opfer und reagieren stets auf die eine oder andere Art. Wir bleiben lange der Überzeugung, dass eins von beidem für uns richtig ist. In einem gewissen Ausmaß funktioniert das auch, aber eben nur oberflächlich.

Wenn wir beispielsweise anderen schmeicheln, haben wir damit vielleicht lange Erfolg und bekommen einige Gegenleistungen dafür, seien sie finanzieller, persönlicher oder anderer Natur. Vielleicht erreichen wir sogar genau das, was wir wollten. Doch wenn es eintritt, fühlen wir uns meist genauso schlecht oder leer wie in dem Moment, da unsere Pläne in sich zusammenbrechen.

Es ist kein Fehler zu leiden. Unter Umständen ist es sogar das Leiden, das Sie dazu bringt, nach dem wahren Leben zu suchen, denn Sie sind seiner müde. Oder Sie stellen, wie in meinem Fall fest, dass Sie anderen schaden. Oft denkt man, bei der Praxis ginge es um unser eigenes Elend, doch wenn wir nicht üben, fügen wir anderen Leid zu. Das ist eine sehr kraftvolle Motivation zu üben.

Wir sehen unseren eigenen Schmerz und dann, dass wir andere ebenso verletzen. Sobald wir davon genug haben, wenden wir uns unserem wahren Selbst zu. Und haben wir damit einmal begonnen, beschleunigt sich der Prozess, der anfangs mit viel Schmerz verbunden ist, denn es zeigt sich all das Leiden, das zu spüren wir ein Leben lang vermieden haben.

Ein weiteres Argument fürs Sitzen liegt darin, dass es unser Muster schwächt, als Täter oder Opfer zu handeln. Während wir uns so unsere Gedanken anschauen und sie benennen, offenbart unsere Praxis die sich immer wiederholenden Tendenzen, sie lässt sie offen zutage treten, und wir spüren und nehmen Dinge wahr, die wir bislang übersehen haben. Deshalb ist das Sitzen die Grundlage der Praxis. Und auch wenn wir anfangs Widerstände haben, kommen wir doch irgendwann an den Punkt, wo diese Muster so klar werden und unser Leiden so offensichtlich wird, dass wir keine andere Wahl haben, als zu sitzen.

Mit der Zeit und der Übung wächst unsere Fähigkeit, mit dem Schmerz zu sein. Die Zahl der Dinge, die uns ärgern, scheint zu schrumpfen – auch wenn der Weg dorthin weit ist und es lange dauert, ihn zu gehen. Doch haben wir die Zeit? Die Alternative wäre, das restliche Leben in Verwirrung und Gereiztheit zu verbringen. Wenn wir nicht praktizieren, wird es nicht besser, sondern im Laufe der Zeit meistens sogar schlimmer.

Die Übung schwächt unseren Ärger, lässt ihn aber nicht verschwinden. Jede Phase und jeder Fortschritt der Praxis für sich ist wunderbar. Ich selbst muss noch viel üben, auch wenn sich mein Leben bereits sehr verändert hat. Und dafür lohnt sich die Praxis.

Wie fühlen Sie sich gerade? Genau jetzt? Das Einzige, was zählt, ist, das zu erleben. Und versuchen Sie, während Sie sich durch das kämpfen, was Sie gerade zu meistern haben, niemandem zu schaden. Es gibt viele Faktoren, die diese Umkehr ermöglichen: Was Sie lesen, zählt. Ob Sie täglich praktizieren, zählt. Es gibt so manches, das die Praxis unterstützt, doch meistens ist uns nicht danach. Deshalb ist es so wichtig, regelmäßig zu üben und auch dann zu sitzen, wenn man glaubt, es ergebe einfach keinen Sinn. Die Gedanken zu benennen, selbst wenn man glaubt, dies sei das Dümmste, von dem man je gehört hat. Jedes Mal, wenn wir uns dem aussetzen, werden wir klarer und sehen deutlicher, was wir denken und fühlen. Tun wir es nicht, ist das auch in Ordnung. Wir leiden dann halt für eine Weile, aber auch das ist okay.

Vertrauen in das, was ist

Je mehr wir in der Lage sind, mit den schmerzhaften Empfindungen zu sein, desto größer wird unser Vertrauen in uns selbst, dass wir mit den verschiedensten Situationen zurechtkommen. Haben wir ums reine Überleben zu kämpfen, ist es schwer zu praktizieren, doch selbst wenn wir nicht mehr in der misslichen Lage sind, uns um unsere Grundbedürfnisse kümmern zu müssen, ringen wir – und manchmal sogar nicht minder. Es gibt die verschiedensten Grade der inneren Katastrophe. Wenn wir praktizieren, wächst unser Vertrauen, auch wenn es ein höherer Grad von Katastrophe ist. Wir wissen, dass es uns zumindest bis zu einem gewissen Punkt gut gehen kann. Hundertprozentiges Vertrauen würde bedeuten, in jeder Lage mit dem Leben, wie es ist, sowie uns selbst, wie wir sind, zufrieden zu sein. Ich habe einiges Vertrauen, aber bei Weitem noch keine hundert Prozent. Ich kann mit so ziemlich allem zurechtkommen. Das heißt nicht, dass ich es darauf anlege, aber ich weiß, dass ich es könnte. Manchmal zeigt sich zwar immer noch das »Ich kann nicht«, aber das geht jetzt schneller vorbei.

Mit jedem Sitzen stärken wir unsere Kraft, mit dem zu sein, was wir wirklich sind, auch wenn das immer schmerzhaft ist. Solange wir das nicht aushalten, haben wir zwar schon Praxiserfahrung, aber noch keine stabile Praxis. Wer wir sind, also unser wahres Selbst, unterscheidet sich so sehr von den Vorstellungen, die wir uns machen – davon, was andere uns angetan haben oder was wir gern mit jemand anderem anstellen würden. Zu lernen, mit dem Schmerz zu sein, ist das Herz der Praxis.

SECHSTER TEIL

BEZIEHUNGEN

In die Dunkelheit gehen

Es gibt eine bekannte Sufi-Geschichte von einem Mann, der nachts seine Schlüssel verliert. Im Licht der Straßenlaterne beginnt er nach ihnen zu suchen, bis kurz darauf ein Freund vorbeikommt und fragt, was er da macht. Der Mann erwidert: »Ich suche meine Schlüssel.« Sein Freund schließt sich an, und nachdem sie eine ganze Weile Gras und Laub durchstöbert haben, erkundigt er sich: »Bist du dir sicher, dass du sie hier verloren hast?« Der Mann antwortet: »Nein, ich habe sie irgendwo dort hinten im Dunkeln verloren.« Erstaunt fragt der Freund: »Warum suchst du dann hier?«, worauf der Mann entgegnet: »Hier sieht man einfach viel besser.«

Mit unserem Leben verhält es sich ähnlich. Wir mögen es überhaupt nicht, im Dunkeln zu sitzen. Werden wir doch mit Dunkelheit konfrontiert, versuchen wir diese zu meiden und suchen lieber im Hellen. Anders ausgedrückt: da, wo wir uns auskennen. Egal, ob es sich um ein Beziehungsproblem, eine berufliche oder andere Schwierigkeit handelt, wir neigen dazu, immer dort zu suchen beziehungsweise so zu agieren, wie es unseren Mustern entspricht. Glauben Sie, der Mann hat seine Schlüssel unter der Straßenlaterne gefunden? Natürlich nicht. Oft macht es uns nicht einmal etwas aus, die verlorenen Schlüssel nicht zu finden. Für uns zählt nur, dass die Suche nicht zu strapaziös ist.

Dabei gibt es eine Dunkelheit, aus der alles kommt, sie enthält ein unendliches kreatives Potenzial, das sie Augenblick für Augenblick in unser Leben strömen lässt. In der Praxis geht es darum, in diese Dunkelheit einzutauchen. Doch das interessiert uns nicht. Wir möchten die Anteile des Lebens, die uns beunruhigen, nicht sehen. Damit lösen wir unser Problem zwar vielleicht nicht, aber das ist uns Menschen nicht wirklich wichtig. Häufig sind wir lieber in Sicherheit als frei.

Wir verlassen das uns bekannte Terrain nur ungern. Achten Sie darauf, ob Sie auf die Ereignisse in Ihrem Leben ausschließlich auf gewohnte Weise reagieren. Wir tendieren dazu, die Dinge nur oberflächlich zu betrachten. Zum Beispiel geht kaum eine Woche vorüber, ohne dass mich jemand fragt: »Warum gibt es im Zen-Center so viele Rituale?« Rituale oder keine Rituale – nicht das ist das Problem. Diese Frage ist sehr oberflächlich, ebenso wie die Tatsache, dass manche das Zen-Center jetzt, da es recht groß geworden ist, nicht mehr so mögen wie in seiner Anfangszeit, als es noch klein war. Wir betrachten die Dinge immer so, wie wir es gewohnt sind.

Da die Konditionierung eine mentale Fixierung ist, führen die starren und rigiden Gedanken, die aus ihr erwachsen, unser Leben in eine völlig falsche Richtung. Und dennoch folgen wir ihrem Diktat. Nicht, dass wir unsere Konditionierung sonderlich mögen, aber wie bei allem, an das wir uns gewöhnt haben, ist es beängstigend, sie aufzugeben. Wir mögen es nicht, wenn sich etwas zu sehr verändert, wollen keinen anderen Partner und vermeiden es, uns selbst zu viel zu hinterfragen – das könnte uns ja aufwecken, und dann müssten wir uns möglicherweise ändern.

Wir Menschen bevorzugen es, wenn die Sachen ihre Ordnung haben. Wir versuchen fortwährend, unsere Welt unter Kontrolle zu halten, um uns in Sicherheit zu wiegen, doch zugleich wird sie dadurch sehr begrenzt – wie die Schubladen, in die wir die Dinge stecken. Diese Einstellung macht sich besonders in Beziehungen bemerkbar, in denen wir uns auf die immer gleiche und gewohnte Art verhalten. Wir pressen sie in die gleiche kleine Form, schauen nur kurz, was los ist, und verkünden schon unsere Meinung. Das ist alles. Unsere Freundschaft wird dann unter Umständen ausgesprochen steril und leblos, ist von Streitigkeiten geprägt oder besteht nur noch aus leeren, höflichen Floskeln. Wir bleiben, wie wir immer waren. Aber das kann auf Dauer nicht gut gehen.

Eine Beziehung zwischen Lehrerinnen und Lehrern

In jeder Beziehung – aber besonders in langjährigen oder solchen, bei denen wir Verpflichtungen eingehen – sind wir einander Lehrerin oder Lehrer. Und das Erste, was Lehrende in einer solchen Beziehung tun müssen, ist in sich gehen, um zu schauen, was sich dort abspielt. Wenn uns etwas an der Beziehung stört, ist meistens unser erster Impuls, »unter der Straßenlaterne zu suchen« und zu sagen: »Nun, da stimmt mit dem anderen etwas nicht.« Damit übergehen wir den Aspekt, der eigentlich interessant ist, nämlich die Frage: »Was geht eigentlich in mir vor?«

Im Hellen zu suchen kann von außen betrachtet gut aussehen. Wir sind so eifrig und bemüht, genau hinzuschauen … Doch das ist nichts als eine Pseudoaktivität, die nichts in Bewegung bringt. Nur wenn wir uns ehrlich uns selbst zuwenden, können wir auch erkennen, was wirklich geschieht.

Nehmen wir einmal den Fall, dass jemand unsere Gefühle verletzt, wir es uns aber nicht anmerken lassen wollen. Wir alle haben unsere Methoden, solche Dinge beiseitezuschieben, bis sich alles wie betäubt anfühlt. »Ich ignoriere das einfach und lasse mich darauf nicht ein.« Dabei ist es ein gewaltiger Unterschied, ob wir etwas ignorieren oder erfahren. Wenn wir etwas bewusst übergehen, wenn wir so tun, als bemerkten wir etwas, das uns missfällt, gar nicht, ist das immer noch eine Reaktion – zudem eine schmerzhafte. Vielleicht reagieren wir um des guten Tons willen so. Es gibt Menschen, die ihre ganze fünfzigjährige Ehe lang zu ihrem Partner stets nett waren. Das unterscheidet sich von einem Friedhof nur dadurch, dass sich hier die Knochen noch bewegen.

Oft scheuen wir es, schmerzhafte Bereiche zu betrachten, denn wir haben Angst, etwas aufzuwühlen. Wir möchten nicht, dass Verhaltensweisen und Beziehungen, die uns vertraut sind, ein Ende finden, selbst wenn sie nicht mehr funktionieren. Wenn wir dann doch jemanden verlieren, den wir gern bei uns behalten hätten, trauern wir. Doch statt dies voll zu erleben, verwandeln wir das Gefühl oft in Ärger, beschuldigen den anderen beziehungsweise die andere oder verurteilen uns selbst. Uns drängt es danach, uns höchst betriebsam mit anderen Angelegenheiten abzulenken, statt das einzig Vernünftige zu tun, nämlich uns mit der Sache auseinanderzusetzen, indem wir sie gänzlich erleben. Wir müssen unsere Trauer spüren wie ein Baby. Lassen wir sie einfach zu.

Immer wenn eine Beziehung eine Spannung birgt – also etwas, das ungeklärt ist oder bei dem wir nicht ehrlich sind –, erleben wir Schmerz. Und genau das sollten wir uns anschauen – nicht das, was bei den anderen nicht stimmt. All das: »Sie sollten anders sein«, oder: »Es ist alles meine Schuld, wenn ich nur dies und das getan hätte …«, oder ähnliches inneres Geschwätz hilft schlicht gar nichts.

Unser Leid zu erfahren führt zu Transformation. Das heißt zwar nicht unbedingt, dass es aufhört, aber es ist, als sei es nun von viel Raum umgeben. Es verändert sich, und das wissen Sie auch. Trotzdem wollen wir diese Aufgabe nicht angehen, denn das ist so, als gingen wir in die Dunkelheit –

und wir scheuen die dunklen Seiten unserer selbst, wir wollen sie nicht einmal anschauen. Dies ist auch der Grund, warum man Praxis nicht in Schemata pressen kann. Dharma-Unterweisungen sind eine Sache, aber letztlich ist es das Üben, was unserem Leben Tiefe und Reichtum schenkt. Es fällt uns nicht leicht, aus unseren alten Sichtweisen und Denkmustern auszusteigen. Um fruchtbare Beziehungen zu leben, um Leiden und Trauer spüren zu können, bedarf es eines inneren Reifungsprozesses, eines beständigen Ringens, denn wir tun es nicht gern. Wir wollen im Licht der Laterne stehen. Es geht nicht darum, etwas, das uns schmerzt, zu verscheuchen. Das Leid bringt uns nicht um. Bei der Praxis geht es um Wachstum, darum, einen größeren inneren Raum zu schaffen, der sich immer weiter öffnet. Dieser Raum hilft Ihnen genauso wie der Person, mit der Sie Schwierigkeiten haben. Das ist echtes Reifen, und wie alles authentische Wachstum folgt es keinem Schema.

Manche fragen sich nach dem Zusammenhang zwischen der Arbeit mit unseren Beziehungen in der Welt und traditionelleren Formen der Praxis. Doch bedeutet Erleuchtung nicht genau das, immer mehr Raum zu haben, mehr und mehr annehmen zu können, ohne es zu kritisieren – überhaupt ohne dieses ewige Kritisieren? Sie ist eine Offenheit für das, dem Sie begegnen.

Authentische Beziehungen

Im Verstehen unserer Beziehungen zu nahen Freunden und Bekannten liegt der Schlüssel zu allem anderen. Wir sind nichts als unsere gegenseitige Verbundenheit, sind nicht getrennt. Ich existiere nicht. Wenn hier ein kleiner Teppich vor mir liegt und ich die Berührung mit ihm spüre, dann ist das in dem Augenblick meine Existenz. Unser aller Existenz besteht aus nichts als solchen Momenten des Kontakts. Im gegenwärtigen Augenblick ist nichts zu tun, als dies zu spüren und zu sein.

Der Moment, in dem wir mit unserer Umwelt in Beziehung treten, erschafft sowohl mein Leben als auch das Ihre. Normalerweise nehmen wir es so wahr, dass mein Leben auf das Ihre stößt, und manchmal ist das kein glückliches Zusammentreffen. Doch im Universum gibt es nichts als Verbindung, und mit dieser konkreten Tatsache können wir von morgens früh bis abends spät praktizieren. Und das sollten wir auch tun, denn das Verstehen unserer wechselseitigen Beziehungen ist der Schlüssel zum Königreich des Erwachens.

Drei Kreise

Zeichnen Sie drei verschieden große Kreise um denselben Mittelpunkt. Der innerste Kreis symbolisiert unsere Konditionierung. Der nächstgrößere steht für unsere Entscheidungen und die Identitäten, die wir ausgebildet haben und die aus dem ersten entspringen. Er beinhaltet all unsere Masken und Rollen: Wir sind hilfsbereit, verstecken uns, sind leistungsfähig, Pfuscher, Lehrer, ein guter Freund, ein Elternteil, Kind, Liebhaber oder Athlet. Wir alle bestehen aus unterschiedlichen Identitäten. Alle diese Identitäten und die Verhaltensweisen, die wir ihnen entsprechend an den Tag legen – unsere grundlegenden Strategien –, spielen sich in diesem zweiten Kreis ab.

Der dritte Kreis – der größte von allen – umfasst alles, womit wir uns in Beziehung setzen: andere Menschen, Ereignisse und die übrige Welt um uns. Unsere Konditionierung und die grundlegenden Strategien bestimmen unsere Verbindungen zu allem und jedem in unseren Leben. Wenn meine Konditionierung darin besteht zu glauben, ich sei es nicht wert, geliebt zu werden, nehme ich möglicherweise die Rolle des Lehrers oder der Lehrerin ein. Das ist eine Strategie, die im zweiten Kreis angesiedelt ist und dazu dient, nach Liebe und Anerkennung aus dem dritten Kreis Ausschau zu halten. So hoffe ich, Liebe zu erhalten, die mir, wie ich intuitiv merke, fehlt und die ich irgendwoher bekommen muss. Es ist ein absolutes Muss. So handeln wir innerhalb von Sekunden, und wir tun es andauernd.

Doch wenn wir mit solchen Erwartungen an unsere Mitmenschen herantreten, entwickeln sich keine echten Beziehungen. Wenn ich etwas von Ihnen will, bin ich nicht an Ihnen interessiert, sondern an dem, was ich bekommen möchte. Dies prägt möglicherweise unser Verhältnis zu unseren Kindern, Liebhabern, unserem Partner und, wenn wir älter werden, auch zu unseren Eltern. Wir versuchen, etwas zu bekommen und so unserer Konditionierung zu entsprechen.

Natürlich verstecken wir dies sehr geschickt. Zum Beispiel sagen wir Dinge wie: »Ich liebe dich. Ich will nur das Beste für dich.« Oft kaschieren wir damit allerdings nur unsere eigentlichen Ansprüche und Forderungen. Solange wir nicht mit dem inneren Kreis ins Reine gekommen sind, wird der

Aufschrei – die Konditionierung, die uns prägt – unseren Austausch mit anderen stark beeinflussen; er wird von unseren Bedürfnissen bestimmt sein. Damit will ich nicht sagen, dies sei das Einzige, was passiert – das ist in verschiedenen Situationen unterschiedlich –, aber die Ansprüche stehen stets im Raum und gestalten unsere Beziehung mit: »Ich möchte, dass die Beziehung mir etwas gibt, das ich nirgendwo sonst gefunden habe.«

Unter Umständen knüpfen wir unsere Freundschaft auch an klare Bedingungen. Von Schülerinnen und Schülern habe ich schon oft Dinge gehört wie: »Wissen Sie, ich liebe meinen Partner wirklich. Doch aus Respekt mir selbst gegenüber habe ich von Anfang an klargemacht, dass die Sache gelaufen ist, wenn es zu größeren Fehltritten wie etwa Untreue kommt. Dann mache ich Schluss.« Was empfinden Sie, wenn Sie so etwas sagen? Dahinter steht der innere Schrecken, zu glauben, dass man nicht liebenswert sei. Es spiegelt das Bedürfnis, die Liebe möge einen gewissen Mangel ausgleichen und sich auf eine bestimmte Art äußern.

Sie haben ein Bild von sich, das Ihrem Ideal nicht entspricht, und deshalb respektieren Sie sich nicht. Entsprechend brauchen Sie eine andere Person, die Ihnen hilft, Ihr Idealbild von sich selbst aufrechtzuerhalten. Sie sagen das ganz deutlich, denn Sie wollen sich absichern, dass die andere Person sich an das hält, was Sie von ihr erwarten. Wenn Sie in Ihrer Beziehung eine solche Regel aufstellen, dann um Sicherheit und Kontrolle zu erlangen. Doch was Sie ernten, sind Einsamkeit und ein Mangel an Nähe.

Möglicherweise entspricht unser Partner oder unsere Partnerin nicht unseren Erwartungen. Wir haben unterschiedliche Auffassungen und sind deswegen voller Groll und Ärger. Natürlich denken wir, es sei sein oder ihr Fehler. Wer sollte auch sonst dafür verantwortlich sein? Wenn die

Wut in Ihrem Innersten zuschlägt, können Sie damit auf verschiedene Weise umgehen: Sie können mit Ihrem Partner streiten oder versuchen, genau das aus ihm herauszuquetschen, was Sie von ihm wollen. Doch alle, die schon einmal in einer vergleichbaren Situation waren, wissen, dass das keine gute Idee ist. Vielleicht tun wir es trotzdem, aber wir wissen, dass es eigentlich nicht funktioniert.

Ein anderes Muster, das wir innerlich abspulen, ist, dass wir glauben, der andere sei gegen uns. Wir meinen zu wissen, was im anderen vorgeht, glauben, sagen zu können, dass er etwas gegen uns hat. Doch wir kennen ihn nicht, nicht richtig. Wir sehen nur Facetten seines Verhaltens, und der größte Fehler, den wir begehen können, ist, zu denken, wir wüssten, wer der andere wirklich ist. Selbst wenn wir mit jemandem dreißig Jahre zusammenleben, wissen wir nicht gänzlich, wer er ist. Und sehr wenige Menschen kennen sich selbst.

Einen Schutzmantel finden

Sollte unsere Konditionierung darin bestehen, dass wir glauben, nicht liebenswert zu sein, machen wir uns auf die Suche nach einer Welt, die uns liebt. Wir alle wollen uns verlieben. Ich habe mich früher in einen Mann nach dem anderen verliebt. Wenn ich dann an einem das Interesse verlor, hatte ich immer schon einen anderen in petto, da ich mit meiner Konditionierung nicht allein gelassen werden wollte, und wenn ich mich verliebte, verdeckte das diese innere Konfrontation mit ihr. Sobald sich eine Beziehung dem Ende zuneigte, begann ich schnell eine andere, und das tat ich über Jahre. Natürlich zog das auch eine Menge Unheil nach sich, aber ich hatte damals noch keine Praxis, hatte keinen Schimmer, was ich da tat und warum, und schuf grenzenloses Leiden für andere und mich selbst.

Niemand hat gern das Gefühl, für die Gattung Mensch absolut inakzeptabel zu sein. Wir können damit nicht leben, es ist einfach zu schmerzhaft. Und so entwickeln wir unsere grundlegenden Strategien und verbringen einen Großteil unserer Zeit damit, Wege zu finden, alles zu spüren, nur nicht das.

Wie wir zu Wahlfreiheit kommen

Der erste Kreis, unsere Konditionierung, entwickelt sich zu dem, was wir für unsere Persönlichkeit halten: Ich bin ein sehr schüchterner Mensch, jemand, der oder die sich schnell zurückzieht. Diese Konditionierung prägt auch meine Methoden, Druck auszuüben, die Welt »draußen« dazu zu drängen, mir zu geben, was ich gern hätte, und andere dazu zu bringen, das zu tun, wonach mir ist: »Ich möchte, dass du mich in Ruhe lässt.« – »Ich will, dass du mich für großartig hältst.« – »Ich erwarte, dass ich respektiert werde.«

Vielleicht denken wir, wir hätten unsere Umwelt mit diesen Methoden unter Kontrolle, doch wenn etwas Schwieriges auftaucht – sei es ein Ereignis oder ein größeres Problem mit einer anderen Person –, erschallt in uns erneut der Schrei, wir seien unerträglich wertlos: »Warum passiert mir das?« Wir beschuldigen andere, klagen sie an. Doch in erster Linie verurteilen wir uns selbst.

Werden unsere Handlungen von dieser schmerzhaften Konditionierung bestimmt – von diesem »Das kriege ich nie hin, ich bin einfach nicht gut genug, ich scheitere immer« –, sind wir nicht frei. In den Menschen um uns herum sehen wir hauptsächlich potenzielle Quellen für die Befriedigung unserer Bedürfnisse: »Kannst du mein Lehrer sein? Willst du mein Partner sein? Sei bitte der, der mir mein Leben erschließt!«

Oder wir sehen alle anderen als mögliche Bedrohung. Wenn ich als Kind viel herumgeschubst oder sogar verletzt und geschlagen worden bin, ist es wahrscheinlich, dass meine Strategien aggressiver ausfallen. »Ich werde dafür sorgen, dass mich niemand mehr herumschubst. Vielen Dank, es langt, ich werde jetzt selbst austeilen.«

Wie sie sich auch äußert, unsere Konditionierung steuert unsere Handlungen. Obwohl wir denken, wir hätten unser Leben im Griff, ist sie es in Wahrheit, die die Show schmeißt. Wir alle haben größere Probleme, ganz gleich, wie sie sich äußern, doch wir haben die Wahl, ob wir sie selbst angehen oder unseren angelernten Mustern das Feld überlassen wollen. Übernimmt mein wahres Selbst die Führung, oder ist etwas anderes am Ball? Wir praktizieren, weil wir endlich verstanden haben, dass wir uns mit diesen Thematiken auseinandersetzen müssen. Und wenn wir das über längere Zeit tun, stärkt das unser wahres Selbst. Das ist angenehm, immerhin das. Es fühlt sich wirklich gut an. Wir haben weiterhin Probleme, doch sie sind anders, denn wir wissen, wann wir Entscheidungen fällen können.

Ehrliche Motivation

Solange unser Ehrgeiz von unserer Konditionierung angetrieben wird, mögen wir in den Augen der Welt erfolgreich sein, aber wir finden keine Zufriedenheit. Selbst wenn wir irgendwann an dem Punkt sind, an dem wir alles, was wir uns vorgenommen hatten, erreicht haben, schlittern wir entweder in eine ernste Lebenskrise, oder wir erleiden einen Zusammenbruch. Der Grund hierfür liegt darin, dass wir die ganze Zeit von unserem falschen Selbst getrieben waren, immer bemüht, den anderen einen Schritt voraus zu sein, überfordert von den Aufgaben, die wir uns dank unseres Ehrgeizes aufgeladen hatten. Das endet in der Regel katastrophal mit einem Zusammenbruch oder Burn-out. Aber auch wenn es nicht so weit kommt, ertragen wir ein Leben in stiller Verzweiflung.

Manche Menschen führen ein erfolgreiches Leben, andere haben ein zufriedenes. Vielleicht sehen beide Varianten gleich aus, doch die Antriebskraft hinter den jeweiligen Handlungen ist eine andere. Beim Üben geht es darum, dass unser Leben nicht mehr von den falschen Zielen, sondern von ehrlicher Motivation geleitet wird.

Die andere Seite des Berges

Was ist auf einem dreißig Meter hohen
Mast der nächste Schritt vorwärts?
Das torlose Tor, *Koan 46*[*]

Stellen Sie sich vor, Sie stünden auf einem solchen Mast. Dreißig Meter hoch, das ist viel. Haben Sie je Bilder von einem Dreißig-Meter-Sprungturm gesehen? Wenn ich da oben stehen würde, ich hätte furchtbare Angst. Das Wasser ist tief unten. Wenn man nicht richtig aufkommt, kann einen das das Leben kosten. Das ist nichts für Anfänger, und unter diesem Mast ist nicht einmal Wasser, sondern harter Boden. Wenn wir nicht wissen, wie wir von einem solch hohen Mast wieder herunterkommen, haben wir ein Problem.

Angenommen, es ist ein sehr nebliger Tag und wir sehen den Boden nicht. Wir wissen nicht, was unten los ist. Vielleicht haben wir hier oben gerade ein Nickerchen gemacht und deswegen nicht mitbekommen, was unten vor sich geht. Oder aber unten liegen drei Dutzend Federbetten, sodass wir gefahrlos springen könnten. Aber unter Umständen ist da auch Steinboden oder tiefes Gewässer, was eigentlich gar nicht so übel wäre, zumindest wenn wir wissen, wie wir richtig springen und wieder aus dem Wasser herauskommen. Steinboden wäre sicher das Schlimmste, und die Federbetten sind mit Abstand am interessantesten, denn sie sind weich.

* *Mumonkan* (*Wu-men-kuan*), verfasst von Mumon Ekai (Wu-men Hui-kai), Meister der Rinzai(Lin-ji)-Linie des Zen (1183–1260). Deutsch: Huikai; Dumoulin, H., *Mumonkan. Die Schranke ohne Tor. Meister Wumens Sammlung der 48 Kôan*, Matthias-Grünewald-Verlag, Mainz 1975.

Das Koan sagt nichts darüber, was unten ist. Es könnte alles Mögliche sein.

Federbetten der Erwartungen

Wir suchen stets nach Federbetten. Wir wählen unsere Freundinnen und Freunde und selbst unsere Arbeit, soweit möglich, in der Hoffnung aus, sie seien wie ein Daunenbett. Wir möchten sanft landen. Wir wählen jemanden als Partner, weil wir in seiner Gegenwart entspannt und glücklich sind. Er versteht unsere Witze und findet uns großartig. Wir glauben, die Betten seien gemacht und noch dazu weich. Und unserem Partner oder unserer Partnerin geht es sicher genauso.

Normalerweise funktioniert dieses Himmelbett der Paarbeziehung eine ganze Weile gut. Und mit unserer Praxis verhält es sich anfangs ähnlich. Doch unvermeidlich kommt der Tag, an dem sich Schwierigkeiten zeigen. Vielleicht wird einer von Ihnen entlassen und ist niedergeschlagen. Der andere versucht sein Bestes – wir alle kennen die Spielregeln – und ist verständnisvoll, unterstützend und einfühlsam. Doch dann wird er vielleicht krank. Jetzt leiden Sie beide, und es ist kein Bett in Sicht, auf dem Sie sanft landen könnten.

Auch die Praxis beginnen wir in der Erwartung, sie sei ein solches »Federbett«: »Ich werde Erleuchtung finden! Die Welt wird sich verändern! Sie wird mir Frieden bringen! Alles wird wunderbar!« Wenn wir dann anfangen zu sitzen, wird es schnell unbequem und verwirrend. Ein Leben der Hoffnungen stützt sich auf unsere Konditionierung – auf die Erwartung, unser Partner werde sich auf eine bestimmte Weise verhalten, sowie die Hoffnung, dass wir selbst so oder so sind und sich alles, wenn wir nur hart genug arbeiten, unseren Wünschen entsprechend gestaltet.

Da wir normalerweise von ihnen erwarten, dass sie uns glücklicher machen, sind Beziehungen oft verworren. Unser Partner soll die perfekte Daunendecke sein, und wir haben unsere Ansprüche, wie er zu sein hat und welche Charakterzüge er haben oder auch keinesfalls haben sollte. Wenn wir uns selbst gegenüber ehrlich sind, sehen wir, dass unser ideales »Federbett« eine sehr lange Liste von Wünschen zu erfüllen hätte. Manchmal entscheiden wir uns, Kompromisse zu machen und es auch mit einer mittelmäßigen Daunenqualität zu versuchen. Doch wenn wir diesen Partner wirklich als den unseren erwählen würden, müsste er unserer Liste schon gerecht werden. Dabei ist das alles nichts als ein Traum. Keine Beziehung gleicht einem Himmelbett.

Manche glauben, Kinder großzuziehen sei ihre Daunenbettstatt. Vergessen Sie's. Das wird nie etwas. Statt eine schöne Zeit in weichen Betten zu sein, gleicht unser Leben eher einer Welt im Kriegszustand. Der Schmerz, nicht das zu bekommen, was wir wollen, ist so heftig, dass er uns davon abhält, ehrlich, authentisch und verbunden zu sein.

Daunenbetten sind aus Erwartungen gemacht. Unser wundervoller Partner macht nichts so, wie wir es uns gewünscht haben. Oder er ist kurze Zeit still, und wir denken gleich, er halte uns für das falsche Federbett. Vielleicht tut er auch gar nichts, und wenn Leute nichts tun, ist das besonders kränkend.

Plötzlich verklumpen die Daunen in der Decke. Da haben wir die Bescherung. Wir dachten, wir hätten etwas hervorragend Weiches ergattert, und jetzt kommt alles ganz anders. Wir sind enttäuscht: Dieses feine Daunenteil ist im Endeffekt nicht besser als all die Decken, die wir vorher hatten. Oft sind wir in unserem Ärger sehr selbstgerecht, und er dient als unser Schutz, damit wir das Leid, das darunterliegt, nicht spüren müssen.

Unter Umständen denken wir, wir müssten begreifen, was vor sich geht, damit wir das Blatt zum Guten wenden können. Es ist sicher nichts falsch daran, unseren Partner verstehen zu wollen, doch wenn wir uns darauf versteifen, ziehen wir uns zugleich von den wahren emotionalen Ursachen der Schwierigkeiten zurück. Wir können eine Beziehung nicht »in Ordnung bringen«, ohne uns in erster Linie unseren eigenen Erwartungen zuzuwenden. Wir müssen uns unsere Hoffnung anschauen, die Beziehung möge uns von unserem Schmerz ablenken.

Die Warteschleife

Ein großer Teil der Lehren zielt auf das »Greifen«. Als Lehrer oder Lehrerin versucht man, seinen Schülerinnen und Schülern, die da stehen, wo sie nun einmal gerade stehen, Dinge anhand von Beispielen zu erklären. Man tut so manches, um den Dharma verständlich zu vermitteln. Wenn die Schülerinnen sich dann mit der Erfahrung verbinden, mit all dem Ringen und Dazulernen, beginnen sie vielleicht, hie und da klarerzusehen. Doch die Unterweisungen bleiben lange Zeit in der Warteschleife, und dann plötzlich – vielleicht aufgrund der vielen Praxis, vielleicht auch aufgrund von Erfahrungen – geschieht etwas, das eine merkliche Verschiebung bewirkt.

Jede gute und enge Beziehung kann sich in einer solchen Warteschleife befinden. Es geht nicht darum, bei diesem oder jenem nachzugeben, an dieses oder jenes zu glauben beziehungsweise vorschnell zu handeln, sondern darum, geduldig zu sein und Praxis oder Beziehung langsam das hervorbringen zu lassen, was sie zeigt, wenn wir mit ehrlicher Anstrengung üben. Unsere Fähigkeit, so mit allem zu verfahren, was wir erleben, nimmt mit der Zeit zu.

Die ersten Einsichten ereignen sich immer im Geist. Und dann beginnt diese psychische Schicht sich zu dehnen und zu vertiefen. An der Oberfläche macht sich das nicht immer bemerkbar, und oft nimmt man nur die äußerlich sichtbaren Probleme wahr, in die wir gerade verwickelt sind. Doch die langsam wachsende Tiefe ist unser Halt. Eine gute Lehrerin oder ein guter Lehrer weiß, wie es ist, so festzuhalten. Er oder sie erwartet nicht, dass Menschen sich innerhalb von zwei Wochen ändern. Ein Verhaltensmuster kann sich über Jahre halten, daher muss man damit sehr geduldig sein. Hierfür gibt es weder Rezept noch Zeitplan. Was uns hilft, diese Warteschleife durchzustehen, auch wenn wir nicht wissen, wann sich etwas ändern wird, sind unser Wunsch, die andere Seite des Berges zu erreichen, und das Gefühl, dass in jedem von uns die Fähigkeit steckt, dort hinzugelangen. Spüren wir das, bringt es auch unsere Praxis und unsere Beziehungen voran. Wir sind das Leben selbst. Mit dem Wissen und dem Verständnis, die aus dieser Erkenntnis erwachsen, können wir eine Menge aushalten.

Die Dinge, wie sie sind

Stellen Sie sich vor, Sie leben am Hang eines riesigen Berges. Auf der anderen Seite des Gebirges passiert etwas, das alles, was Sie je gesehen haben, an Schönheit übertrifft. Sie könnten dort leben, doch da Sie es noch nicht zu Gesicht bekommen haben, entzieht es sich Ihrer Vorstellungsgabe. Sie überlegen sich kurz, ob Sie sich auf den Weg dorthin machen sollen, beschließen jedoch, zu versuchen, weiterhin mit Ihrem gewohnten Durcheinander klarzukommen.

Mit einem geliebten Menschen oder dem Leben selbst eine echte Beziehung aufzubauen kann uns auf die andere Seite dieses Berges führen – zwar nicht ununterbrochen, sehr wohl aber immer mehr. Was das ist, lässt sich schwer beschreiben, auch wenn es sich nicht um reine Theorie handelt. Bevor wir echte Beziehungen leben, ist es nicht einfach, sich dies vorzustellen. Den meisten von uns fällt es schwer, etwas anzustreben, von dem sie keine Vorstellung haben. Wir strengen uns an, unser Leben und unsere Probleme in den Griff zu bekommen, und sind zuversichtlich, dass uns dies auch gelingen könnte. Und zumeist wird unser Üben erst in dem Moment ernsthaft, da wir verstehen, dass wir die äußere Welt nicht so gestalten können, wie es uns vorschwebt. Es liegt im tiefsten Wesen unserer Praxis, dass sie uns erlaubt, die Erwartungen und Illusionen, die wir hinsichtlich unserer Beziehungen hegen, zu durchschauen.

Der einzige Weg, der auf die andere Seite des Berges führt, ist, mit allem zu sein, was ist. Und: In Wirklichkeit gibt es keine andere Seite des Berges und auch nicht den Ort hier. Es gibt nur den gegenwärtigen Augenblick, den wir gerade erleben – mit all dem eigenen Ärger, dem Ärger des Partners oder dem, was sich sonst zeigen mag. Wenn es uns gelingt, den Augenblick zu erleben, und wir uns nicht in unseren Ideen über die Wirklichkeit verlieren, beginnen wir die andere Seite zu sehen.

Ein großer Teil des Übens ist nichts als Geduld. Wir sehen vielleicht nicht unbedingt, was als Nächstes ansteht, aber wir müssen uns hinsetzen und unsere Praxis machen. Es scheint nicht unbedingt viel zu geschehen, doch das Gehirn beginnt alle möglichen Dinge, die an die Oberfläche kommen, auszuschütten. Ohne Geduld wird sich das Leben nie so anfühlen wie auf der anderen Seite des Berges – und das, wo doch der einzelne Augenblick bereits die andere Seite ist. Im Grunde gibt es nichts anderes als dies, und es gibt immer nur eins zu tun: mit den Dingen zu sein, so, wie sie sich zeigen. Das klingt möglicherweise sehr einfach, erfordert aber sehr viel Übung.

Für Dolche durchlässig werden

Unsere Aufgabe als Lehrerin oder Lehrer ist es, wenn nötig, die »Dolche« der Angriffe seitens der Schülerinnen und Schüler durch uns hindurchgleiten zu lassen, sodass sie uns nicht verletzen. Doch wenn uns solche Dolche stören – selbst wenn es nur manchmal so ist –, sollten wir auf keinen Fall unterrichten, denn wenn wir es persönlich nehmen und es uns verletzt, sehen wir nicht mehr klar. Es macht uns blind, und das passt nicht zur Aufgabe von Lehrern, die ja darin liegt, genau zu erkennen, was bei den Schülern vor sich geht.

Was unsere nächsten Beziehungen angeht, bedarf es allerdings keiner sehr tiefen Stiche, um eine solche Blindheit zu verursachen, denn je näher das Verhältnis ist, desto verletzender sind sie und desto schwieriger ist es, den Schmerz zu heilen. Oft stammen unsere tiefsten Wunden aus unserer Herkunftsfamilie. In vielerlei Hinsicht gleichen wir unseren Eltern – es ist unvermeidlich, denn wir stammen von ihnen ab. Der Ärger und das Leid, die aus unserer Beziehung zu ihnen herrühren, sind oft unsere größte Verletzung.

Doch als Lehrer können wir es lernen, genug inneren Abstand zu wahren, sodass der Dolch durch uns hindurchgeht, ohne Spuren zu hinterlassen.

Wir werden nicht über Nacht erwachsen. Yamanda Roshi hat einmal gesagt, dass es bei Zen-Praxis um die Entwicklung unseres Charakters geht. Ich verstehe seine Worte so, dass wir lernen, mit solchen Angriffen auf uns zu praktizieren. Wir bleiben uns der Qualitäten der Menschen bewusst, selbst wenn sie uns bedrängen. Und Lehrer, die sich ehrlich bemühen, gute Arbeit zu leisten, werden andauernd angegriffen. Sich weiter um das Wohlergehen anderer zu sorgen und dies als »Dank« zu bekommen ist sicherlich nicht immer leicht zu verkraften. Manchmal, wenn ich eine schwere Zeit durchmache, denke ich: »Es ist an der Zeit, in Rente zu gehen, ich habe die Nase voll.« Wie alle anderen auch neige ich in solchen Situationen dazu, so zu reagieren. Da ich mir dessen bewusst bin, übe ich stattdessen damit, und dann passiert etwas Erstaunliches: Es kommt zu einem plötzlichen Verständnis, ich sehe das Leben anders – und mache mit dem Unterrichten weiter.

Lehrer, keine Retter

Das Ziel ist, nicht vom Lehrer abhängig zu sein, sondern von ihm frei zu werden. Doch solange wir uns innerlich nicht vollkommen befreit haben, bleiben unsere Strategien, Gewohnheiten und Muster so stark, dass wir jemanden brauchen, der uns ein wenig an den Weg erinnert.

Natürlich versinken Lehrerinnen und Lehrer genauso im Chaos der Verwirrung wie alle anderen auch. Manchmal haben sie keinen Schimmer, worum es bei der Praxis geht. Aber das wird nur dann zum Problem, wenn wir denken, sie seien dazu da, uns zu helfen, unser Leben in Ordnung zu bringen. Der Traum des Menschen liegt darin, eine Sache oder eine Person zu haben, die ihn rettet. Im Zen kennen wir eine Spielart davon: die Hoffnung, den perfekten Lehrer und die perfekte Praxis zu finden. Ich werde Sie nicht retten, ich will es nicht einmal. Ich habe genug anderes zu tun. Nehmen Sie es nicht persönlich, denn das gilt nicht nur für Sie.

Wenn es etwas zu lernen gibt, dann müssen Sie das schon selbst tun. Ich kann Sie dabei begleiten und anleiten, aber ich kann und will es nicht an Ihrer Stelle tun. Mir ist es egal, wenn es Ihnen schlecht geht, verstanden? Wen interessiert das? Mein Augenmerk gilt der einzigen Sache, bei der unser Üben etwas ausrichten kann; es geht mir darum, Ihnen zu helfen, Klarheit zu gewinnen und die eigenen tiefsten Konditionierungen zu verstehen. Genau diese grundlegende Angelegenheit ist es, die mir am meisten am Herzen liegt.

Tiefes Zuhören

Hören Sie zu? Dies ist die wichtigste Frage, die ein Lehrer uns stellen kann – oder wir uns selbst. Als ich mit dem Unterrichten begann, hatte ich noch nicht wirklich gelernt zuzuhören. Ich hörte kurz hin, und schon war ich im Geist woanders. Nach viel Übung und Praxis steht mir mein Verstand nicht mehr so sehr im Weg wie früher, und ich habe es gelernt. Ich bin immer mehr dessen gewahr, dass meine Konditionierung nicht wirklich ist, und es ist mir ein zunehmendes Bedürfnis, bei dem zu bleiben, was tatsächlich ist. Zuzuhören ist das größte Geschenk, das ich Ihnen als Lehrerin machen kann, und das Gleiche können Sie anderen geben.

Wenn wir merken, dass uns jemand aufmerksam zuhört, ermutigt uns das. Wir sind zuversichtlich und spüren: »Oh, vielleicht kann ich das auch.« Unser Leben wird angenehmer und anerkennender. Und die Menschen, denen wir begegnen, spüren diese Qualitäten und sind wiederum inspiriert, sie ebenso zu entwickeln.

SIEBTER TEIL

WUNDER

Weit weg vom Ufer

Man wird niemals neue Länder entdecken,
wenn man nicht bereit ist, für lange Zeit das
Ufer aus den Augen zu verlieren.
André Gide, Die Falschmünzer

Neue Länder entdecken klingt erst einmal sehr vielversprechend. Gleichzeitig wollen wir auf keinen Fall das Ufer aus den Augen verlieren. Das Festland steht für das Leben, wie wir es kennen – das aufgewühlte und schmerzhafte und zugleich gewohnte Leben der Konditionierung. Doch wirklich zu leben bedeutet, die Küste aus den Augen zu verlieren und lange Zeit auf hoher See zu sein. Anfangs sind wir durchaus willens, unser gewohntes Terrain zu verlassen, denn wir wollen die neuen Länder, von denen wir bereits so viel gehört haben, kennenlernen. Wir glauben nicht mehr wirklich an unsere Küste, an der wir schon so lange leben, sehen die unbekannten Ufer aber noch nicht. Wir begeben uns auf See und fühlen uns schon bald aus der Bahn geworfen, denn wir haben unseren Anker gelichtet. Also trösten wir uns mit der Vorstellung, auf dem Weg zu etwas ganz Außergewöhnlichem zu sein.

Nach einer Weile stellen wir jedoch fest, dass wir nicht wissen, wohin die Reise geht – wir treiben verloren auf dem Ozean: Wir sind seekrank, die Praxis macht uns ebenso krank wie all die Emotionen, die wir spüren. In unsere alten Gefilde können wir nicht zurück, dafür haben wir bereits zu viel gesehen, und gleichzeitig wissen wir nicht, wohin es uns verschlägt.

Auf See treiben

In diesem Zwischenbereich – in dem wir den größten Teil unserer Praxis verbringen – arbeiten wir mit unserer Angst. Unsicherheit auszuhalten ist nie einfach. Das frühere Leben war uns vertraut, auch wenn wir es bisweilen nicht mochten und schwierig fanden. Doch wir sind noch nicht im neuen Land – oder, um genau zu sein: Wir denken, wir wären noch nicht da.

Wir sind entmutigt, gelangweilt und enttäuscht, manchmal auch verwirrt und ärgerlich. Bisweilen überkommt uns das starke Verlangen, dahin zurückzukehren, wo wir uns in Sicherheit wähnten. Gleichzeitig haben wir eine riesige Sehnsucht, ein Leben zu leben, das authentischer ist und auf das wir bereits einen kleinen Vorgeschmack bekommen haben, als sich der Nebel einmal kurz lichtete. Vielleicht glauben wir einen schwachen Schimmer von irgendwas am Horizont zu entdecken – oder auch nicht. Wir sind mitten im Niemandsland. Was geschieht, wenn wir bereit sind, auf hoher See zu sein und uns diesem Gefühl der Hilflosigkeit zu stellen?

Spirituelle Traditionen locken oft mit dem Versprechen, sie würden uns helfen, neue Länder zu entdecken. Doch der größte Teil der Übung besteht darin, zu treiben und zu ringen. Vielleicht erkennen wir, dass es letztlich keinen Unterschied macht, ob wir am Ufer bleiben, im weiten Meer treiben oder im gesuchten neuen Land ankommen. Es ist eine Reise ohne Ziel oder anders ausgedrückt: Unsere alte Heimat, der schwierige offene Ozean und die neuen Ufer sind gleichermaßen unser Ziel, das darin besteht, mit allem, was ist, Frieden zu schließen, ganz gleich, wo wir sind.

Wenn es nichts zu erreichen gibt, warum dann sich überhaupt auf den Weg machen? Wo liegt der Sinn, Ungewissheit und Kampf in Kauf zu nehmen, wenn es ohnehin keine neue Welt zu entdecken gibt? Bei unserer Praxis geht es nicht darum, irgendwohin zu gelangen, sondern darum, zu erkennen, dass die drei genannten Orte ein und derselbe sind und wir eigentlich bereits angekommen sind.

Um dies zu sehen, müssen wir der Kampf sein. Es gibt nichts weiter zu tun, als zu erfahren, was wir bereits sind. Wir kommen an einen Punkt, an dem wir uns einfach auf den Rücken fallen und treiben lassen. Nichts hat sich verändert, und dennoch ist nichts wie zuvor.

Neunundneunzig Versuche

Ich kenne einen Mann, der jahrelang mit der Praxis zu kämpfen hatte. Auch wenn er seit zwanzig Jahren Schüler eines berühmten Lehrers war, schien er sein Verständnis nie sonderlich vertieft zu haben. Der Meister drängte ihn immer wieder: »Versuch dies … okay, versuch das. Hm, dann probier das aus.« Eines Tages hatte der Mann es verstanden. Ziemlich erbost ging er zu seinem Meister und sagte: »Ich fasse es nicht, dass ich mich all die Jahre so abgemüht habe, nur um eines Tages zu verstehen, dass es keiner Anstrengung bedarf.« Und der Lehrer erwiderte: »Hätte ich dir den Kampf erspart, hättest du das nie erfahren.«

Unsere Übung ist Arbeit. Wir tun dies, versuchen das und probieren jenes. Wir müssen aufmerksam bleiben. Wir können uns auch dabei beobachten, wie wir uns abmühen. Wenn dann der Tag kommt, an dem wir erkennen, dass all das Unsinn ist – umso besser. Doch wir sollten an das denken, was der Meister sagte.

Yasutani Roshi pflegte zu erklären, die Tatsache, dass wir

erst beim hundertsten Mal ins Schwarze treffen, bedeute nicht, dass die neunundneunzig Versuche davor vergebens waren, denn sie haben das Ergebnis möglich gemacht. Ganz gleich, auf welche Art wir uns beim Üben bemühen, wenn wir es mit Gewahrsein tun, reifen wir. Wir werden zu dem, was wir schon immer gewesen sind.

Gutes tun

Das grundlegende Versprechen aller Praxis ist, Gutes zu tun. Dies bedeutet nicht, dass wir versuchen, Gutes zu tun, denn dieses Versuchen ist wieder nur ein willentlicher Akt des Intellekts. Es heißt, wirklich gut zu handeln – etwas, das nicht möglich ist, solange man auf andere wütend ist und sie am liebsten fertigmachen würde. Ebenfalls ist es unmöglich, positiv zu handeln, wenn man die meiste Zeit damit beschäftigt ist, sich gegen den Rest der Welt zu verteidigen.

Wir werden in den Dingen gut, mit denen wir praktizieren. Worin möchten Sie sich also verbessern? Werden Sie sich darüber klar, welches Leben Sie führen möchten, und schauen Sie, ob Ihre Handlungen Sie in diese Richtung führen. Dank der Praxis lernen wir, zwischen den guten Handlungen, die von der Konditionierung diktiert werden, und jenen, die sich daraus nähren, dass wir unser wahres Leben leben, zu unterscheiden. Wir klären für uns den Unterschied zwischen selbstbezogener und lebensbezogener Anstrengung.

Im Laufe der sitzenden Praxis verstehen wir langsam, dass das Ziel des Lebens darin besteht, einfach wir selbst zu sein – allerdings nicht im herkömmlichen Sinne. Es beinhaltet, dass wir unser wahres Selbst leben, und damit werden unsere Handlungen ganz natürlicherweise positiv. Erst dann zeigt sich das, was wir »ein Leben im Dienst« nennen, was wiederum nicht bedeutet, dass wir plötzlich anfangen, herumzurennen, um den Leuten dienlich zu sein – auch wenn es durchaus so aussehen kann. Die Veränderung ist tiefgreifender, unsere komplette Einstellung dem Leben gegenüber ändert sich, wobei jetzt für uns im Vordergrund steht, Gutes zu tun und die Verletzungen, die wir anderen zugefügt haben, zu heilen.

Nein, wir gehen nicht in die Welt, um sie zu retten. Und dennoch verändern Menschen, die üben, die Welt. Eine gute Praxis ändert alle, die mit ihr in Kontakt kommen. Doch wenn Sie beginnen, herumzulaufen und die Menschen verändern zu wollen, werden Sie feststellen, dass man anfängt, Sie zu meiden. Zumindest ich werde das tun.

Opfer

In der Zen-Praxis verbringen wir viel Zeit damit zu sitzen. Wenn wir jemanden verletzen, sitzen wir. Wenn wir niemanden verletzen, sitzen wir. Wir sitzen viele Stunden lang. Empfinden Sie das als Opfer? Eine Schülerin sagte einmal zu mir: »Ich weiß, dass du sehr krank warst, und ich weiß auch, dass du dein Leben für deine Schüler opferst.« Das überraschte mich. Ich verstehe weder meine Lehrtätigkeit noch meine Praxis als Opfer. Mir macht das, was ich tue, Spaß. Denn für mich gibt es keinen Unterschied zwischen Leben und Sitzen. Und das Einzige, was wir opfern, wenn wir mit mehr Gewahrsein praktizieren und leben, sind unsere Illusionen.

Nehmen wir einmal an, wir stellen unseren Wecker richtig früh, um zu meditieren. Wir wachen auf, haben aber nicht wirklich Lust dazu. Das Bett ist kuschelig warm, und wir würden liebend gern liegen bleiben und noch etwas schlafen. Dennoch stehen wir auf, denn wir wissen, dass Meditieren unser Leben erfüllter macht – und genau in diesem Moment beginnt die Praxis, denn wir sind dessen gewahr, dass es das ist, was wir auf lange Sicht am meisten anstreben: Durch das Üben verlieren wir nicht etwa etwas, wir finden Erfüllung.

Im Buddhismus gibt es die Bodhisattva-Gelübde. Die Idee, die dahintersteckt, ist der Entschluss, alle Lebewesen zu befreien. In Wirklichkeit haben wir aber eventuell viel mehr Lust, uns in der Eisdiele an der Ecke ein Spaghettieis zu holen. Immer dann, wenn wir lieber etwas anderes täten, sind wir möglicherweise ärgerlich, darauf verzichten zu müssen und stattdessen zu sitzen.

Das Bodhisattva-Gelübde kann leicht zu einem Ziel werden, das wir idealisieren, zu einem »Kopf über unserem Kopf«, um das bereits zitierte Bild von Meister Lin-ji zu benutzen – eine weitere Ausrede, unser Leben nicht so zu erfahren, wie es ist. Doch eine authentischere Stimme in uns zieht uns bereits dahin, das Leiden der Welt zu lindern. Das ist wunderbar, allerdings nur, solange wir uns nicht in der Vorstellung verlieren, dass wir uns »aufopfern«. Manchmal ist es beispielsweise keine gute Idee, das Leid eines anderen auf sich zu nehmen. Besser wäre es, wir würden uns nicht einmischen und den anderen seine Probleme durchstehen lassen, damit er daran wachsen kann.

Wenn wir unsere Praxis so definieren, dass wir etwas aufzugeben haben, ist das immer mit Opfern verbunden. Wenn wir aber darunter verstehen, unser Leben voller Mitgefühl und Gewahrsein zu leben, stellen wir irgendwann fest, dass wir in jeder Situation viel dazugewinnen. Unser Tun ist Ausdruck des Mitgefühls, und zugleich wird unser Leben reich und erfüllt.

Dienen Sie sich selbst

Im Kopf ist es leicht, die Welt zu retten. Es ist nicht schwierig, edle Gedanken dazu zu haben, wie wir es auf diese oder jene Art anstellen könnten. Doch solange wir diesen Wunsch nicht authentisch verkörpern und eine lebendige Erfahrung dessen haben, wie wir ihn in unserem täglichen Leben umsetzen können, ist er nichts als eine weitere Strategie, eine weitere Flucht.

Natürlich können wir versprechen, alle Lebewesen zu befreien. Doch wie viele sind es? Billionen und Aberbillionen. Wenn wir den Anspruch haben, alle zu retten, ist das oft nur ein Bestreben, etwas in Ordnung zu bringen – und dies für gewöhnlich in uns selbst. Doch die einzige Art, diesen Wunsch Wirklichkeit werden zu lassen, ist, das eigene wahre Selbst zu leben. Indem wir das einen Großteil der Zeit tun – und ich habe bislang niemanden kennengelernt, der es durchgehend vermochte –, beginnt unsere Anwesenheit in der Welt nutzbringend zu sein.

Dienlich zu sein ist ein Koan für sich. Was bedeutet es, sich selbst, jemand anderem oder einer Situation zu Diensten zu sein? Sicher nicht, herumzurennen, alle Schwierigkeiten auszubügeln und allen zu helfen. Manche versuchen das und übernehmen sich dabei völlig, doch wenn die eigene Gesundheit oder das emotionale Gleichgewicht auf dem Spiel steht, ist es schwer, anderen von Nutzen zu sein. Andern zu dienen bedeutet auch, sich um sich selbst zu kümmern.

Manchmal impliziert es, anderen mit vollem Engagement beizustehen und fast alles, was man hat, aufzugeben; und dann wieder sollte man besser alles für sich behalten. Eine gute Praxis bringt uns dazu, zu Diensten zu sein und zu tun, was ansteht. Das kann bei verschiedenen Menschen sehr unterschiedlich aussehen. Um herauszufinden, ob wir auf dem richtigen Weg sind, können wir schauen, ob das, was wir tun, sich raumhaft anfühlt. Und ganz praktisch ausgedrückt: Wenn wir nicht wir selbst sind, sind wir auch anderen nicht sonderlich hilfreich.

Vielleicht denken umgekehrt manche von Ihnen: »Ich habe nicht die geringste Lust, anderen zu helfen.« Das mag ehrlich sein, entbehrt jedoch jeglicher Ethik. Anderen zugewandt zu sein und die Bereitschaft zu haben, entsprechend zu handeln, entspringt einer guten Praxis ganz natürlicherweise. Das bedeutet nicht, dass wir unsere gesamte Zeit dem Helfen widmen. Vielmehr wird die Trennung zwischen unserem Wunsch zu helfen, seiner Umsetzung und der Tatsache, dass wir unser wahres Leben leben, geringer.

Der Weg ist schmal

Wie eng ist die Pforte und wie schmal der Weg, der zum Leben führt, und wenige sind's, die ihn finden.
Matthäus 7, 14

Vor Kurzem suchte ich in der Mediathek ein Tennismatch und stieß stattdessen auf einen Boxkampf. Soweit ich weiß, zielt man beim Boxen darauf, den Gegner k. o. zu schlagen, und das ist sicher kein hehres Ziel. Dennoch zog mich der Kampf in seinen Bann. Es war ein Kampf zwischen zwei äußerst geschickten Boxern, und auch wenn ich mich nicht in dieser Disziplin auskenne, war offensichtlich, dass die beiden ihr Handwerk verstanden. Ich schaute eine Weile zu, von jedem einzelnen Schlag und der Unmittelbarkeit der Reaktionen fasziniert.

Wir verbringen den größten Teil unseres Lebens damit, diese Unmittelbarkeit des Kontakts zu vermeiden, und genau diese Direktheit im Kontakt fehlt uns.

Vielleicht war es diese Qualität, die mich an dem Boxkampf interessierte: In dem kleinen Bereich des Rings und während des relativ kurzen Kampfs ist von den Wettkämpfern gefordert, wirklich alles zu geben. Was mich überrascht hat, war die Direktheit – und die Unmittelbarkeit des Schmerzes, der auch bei anderen Sportarten erlebt wird, beispielsweise beim American Football. Möglicherweise ist dies der Grund, warum die Leute sich den Sport so gern anschauen – sie wollen diese Unmittelbarkeit spüren. Denken Sie an den Stierkampf, wo der Matador seine geballte Achtsamkeit auf den Stier richten muss. Auch wenn das Tier eigentlich viel faszinierender ist, interessiert uns der Stierkämpfer, der so gänzlich präsent standhält.

Der einfache Weg

Oft beschweren sich meine Schülerinnen und Schüler mit Worten wie: »Ich praktiziere jetzt schon so lange und benenne meine Gedanken, und von Zeit zu Zeit erlebe ich auch etwas, das Erfahrung sein könnte. Dennoch geht es mir kein bisschen besser. Wozu also all diese harte Arbeit?«

Das ist eine sehr verständliche Frage. Wir alle wünschen uns Ergebnisse und suchen nach dem Gefühl von Verbundenheit, das uns im Leben fehlt. Wir praktizieren in der Hoffnung, wunderbare Dinge zu erfahren.

Nehmen wir einmal an, Sie wollen ein ebenso großer Pianist werden wie Arthur Rubinstein. Ihr Ehrgeiz ist riesig, und ein Jahr lang lesen Sie alle Bücher, die vom Leben solch großer Virtuosen handeln sowie davon, wie man das Instrument zu beherrschen lernt. Sie lesen über die Geschichte der Musik und hören sich Aufnahmen sowie Konzerte großer Meister an. Sie studieren wirklich intensiv, aber Sie berühren die Tasten nicht. Und nach einem Jahr wundern Sie sich, warum Sie das Instrument noch immer nicht meistern.

Es ist unglaublich, wie sehr das unserem Zugang zur Zen-Praxis ähnelt. Wir alle wollen gleich Arthur Rubinsteins der Meditation sein und nicht jemand, der grade mal ein kleines Stück klimpern kann, obwohl auch das nicht so einfach ist. Unser Ehrgeiz führt schließlich nur dazu, dass wir nicht die erforderliche harte Arbeit tun. Es ist einfacher, zu träumen, nachzudenken, Bilder anzuschauen und Bücher zu lesen. Das ist der einfache Weg.

Doch einen Sport oder ein Instrument meistern wir nicht durch Gedanken, Ideen und Theorien allein. Auch unsere Praxis müssen wir verkörpern, und solange sich unser wahres Selbst nicht annähernd durchgängig zeigt, stehen wir nicht im echten Leben, nach dem wir uns eigentlich sehnen.

In gewisser Weise boxen wir uns alle durchs Leben, selbst wenn wir normalerweise niemandem mit einem kräftigen Aufwärtshaken das Gesicht aufreißen. Im Boxring des Lebens stehen wir abwechselnd unseren Partnern, unseren Jobs und all den übrigen Lebensumständen gegenüber. Doch meistens sind wir gar nicht im Ring – wir haben ihn verlassen und üben uns lediglich im Schattenboxen. Beim richtigen Boxen versucht man, dem Gegner einen üblen Schlag zu versetzen, beim Schattenboxen schlägt man nur auf einen Schatten ein, hat also keinen echten Kontakt. Und die meisten unserer Gedanken ähneln diesen Phantomen. Ein Teil des Erwachens in den gegenwärtigen Moment besteht darin, sich der Tatsache bewusst zu werden, dass wir normalerweise nur gegen Schatten boxen und keine echte Verbindung zum Leben herstellen.

Wir wollen nicht glauben, dass die Dinge, die wir den ganzen Tag über tun, Teil unseres Weges sind und folglich unsere ganze Aufmerksamkeit und direkten Kontakt verdienen. Wir ziehen den einfachen Weg vor, denn das liegt in der Natur des Menschseins. Wenn ich alle Probleme, mit denen die Menschen zu mir kommen, Revue passieren lasse, all die Hunderte von Fragen und Problemen, mit denen sie sich jede Woche an mich wenden, dann stelle ich fest, dass sie alle auf dasselbe hinauslaufen: »Ich suche den einfachen Weg.«

Da hilft es auch nicht zu behaupten, wir wollten den schweren Weg gehen, denn das ist immer noch der einfache. Zuerst müssen wir durchschauen, was der einfache Weg überhaupt ist. Mit welchen unserer Verhaltensweisen, Glaubenssysteme und Handlungen ist er gepflastert?

Selten kennen wir die Antwort, denn es gehört ja zum Wesen des einfachen Weges, nicht achtzugeben. Wir alle haben unsere Methoden, so zu tun, als seien wir achtsam. Sie können etwa darin bestehen, die anderen Menschen in Ordnung zu bringen. Wir projizieren alles auf die äußere Welt und machen in gewisser Weise immer andere für das Durcheinander verantwortlich. Vielleicht beginnen wir die Praxis in der Hoffnung, künftig weniger gereizt zu sein und gegen Schwierigkeiten immun zu werden.

Funkelnde Bilder

Die Pforte ist eng, doch auf der anderen Seite befinden sich die Unmittelbarkeit und der Reichtum des wahren Lebens.

Wir alle haben schillernde Bilder davon, wie wir sind, sowie davon, wie wir selbst, die anderen und unser Leben sein sollten. Doch diese Bilder blockieren unser wahres Selbst.

Auch unter Menschen, die viele verschiedene Praktiken vollziehen, ist das weitverbreitet. Es ist völlig in Ordnung, viele Dinge zu tun und sie gut zu machen, aber es geschieht schnell, dass wir sie dazu verwenden, unser Selbstbild aufzupolieren. Wir müssen aufpassen, dass wir unser Können nicht dazu missbrauchen, den leichteren Weg zu gehen. Wir müssen denjenigen (also uns selbst) erforschen, der glaubt, diese Fähigkeiten zu besitzen. Zu wem gehören diese Massen erstarrter Emotionen? Und wer ist es eigentlich, der handelt?

Sobald wir eine Aktivität ohne Gewahrsein ausführen – ganz gleich, ob es sich um Sport, Klavierspiel oder was auch immer handelt –, wird sie zum einfachen Weg. Wenn wir bei irgendetwas gut sind, können wir es unserer Sammlung schillernder Selbstbilder hinzufügen. Vielleicht denken wir: »Im Grunde bin ich gar nicht so schlecht. Ich bekomme einiges geregelt.« Dann ist die Konditionierung so stark wie eh und je.

Auch das Sitzen kann schnell zum einfachen Weg werden. Zen-Praxis kann sogar zur größten Flucht überhaupt werden, zumindest wenn man dabei nicht achtsam ist. Es bedarf einer gewissen inneren Reife, zu merken, dass man sie in der Weise missbraucht. Auch ein Lehrer oder eine Lehrerin kann hierbei hilfreich sein.

Ein besonderer menschlicher Kunstgriff ist es, den einfachen Weg zu gehen, ihn aber so zu verkleiden, dass er schwierig erscheint. Unsere Praxis so darzustellen ist besonders schädlich, da die Leute dann dazu neigen, zu uns aufzuschauen. Die anderen glauben, wir hätten wirklich etwas verstanden, und das bestärkt uns in unserer Meinung, dass dem wirklich so ist.

Alltägliche Wunder

Viele Menschen, die praktizieren, beginnen eine gewisse Freiheit zu erfahren, und das charakterisiert ein Leben, das immer weniger von selbstbezogenem Haften bestimmt wird, am besten. Es ist frei. Es ist anpassungsfähig. Es ist gütig. Und es macht Spaß. Oft vergessen wir diesen Aspekt, aber ohne ihn wird das Leben zum Jammertal. Intuitiv spürt man es sofort, wenn man jemanden trifft, der etwas Freiheit besitzt. Irgendetwas ist einfach anders.

In dem Maß, in dem unsere Konditionierung schwächer wird, verlieren unsere gedanklichen Fixierungen, Ideen und schillernden Selbstbilder an Einfluss auf unser Leben. Wir gewinnen an Klarheit und Freiraum, die Dinge erscheinen einfacher. Damit will ich nicht sagen, wir seien dann immer glücklich, aber es zeigt sich immer mehr, dass unser Leben stimmig ist.

Dank unserer Praxis – und es dauert meist viele, viele Jahre, dahin zu kommen – wird der falsche Meister, den wir Konditionierung nennen, langsam ausradiert. Was verblasst, ist das sehr rigide Bild davon, wie wir zu sein haben. Und wenn es langsam schwächer wird, ersetzen wir es nicht durch eine andere fixe Vorstellung namens »Erleuchtung«.

Dank unserer Übung beginnen wir die starren Vorstellungen, die wir von der Welt hatten, zu durchschauen. Doch das gleicht nicht dem plötzlichen Erwachen aus einem Traum, auch wenn es solche Momente durchaus geben mag. Normalerweise löst sich das Bild sehr langsam auf, unser Leben wird realer, und wir fließen immer mehr in seinem Fluss. Es ist nicht leicht, dafür Worte zu finden.

Wir sind versucht, uns auf unsere Vorstellung von Erleuchtung zu konzentrieren, statt ein Leben mit etwas mehr Geschmeidigkeit und Freiheit zu leben. Doch genau dieses Bild ist das Problem. Wahres Erwachen ist kein Ding, es entzieht sich jeglicher Beschreibung und Konzeptualisierung. Und so kann und braucht man sich darüber auch keine Sorgen machen.

Sie können sich nicht vorstellen, welche Freiheit wir erfahren, wenn wir unser wahres Selbst leben. Sie ist durch Abwesenheit gekennzeichnet – Abwesenheit einer Begrenzung oder Fixierung –, und etwas, das nicht vorhanden ist, kann man nicht in ein Konzept pressen. Wir können nur langsam in diesen Zustand hineinfinden. Je länger wir praktizieren, desto mehr bekommen wir eine Idee davon, wie sich Freiheit anfühlt. Das Spiel heißt Freiheit. Die Freiheit, nichts zu sein – was nicht bedeutet, wir würden verschwinden oder uns nicht mehr an einer leckeren Mahlzeit erfreuen können. Es ist kein Spuk. Es ist ein alltägliches Wunder.

Nachwort

Von Brenda Beck Hess

Das Leben vieler von uns ist voller Herausforderungen und Schwierigkeiten. Wir leiden. Charlotte Joko Becks Leben war nicht anders – auch wenn ihre Lebensumstände besonders waren. Ihr Schmerz war Antrieb für ihren kompromisslosen Drang, zu verstehen, was der Sinn des Leids und der Grausamkeit war, die sie erfahren hatte, und Frieden zu finden. Diese Suche hat sie schließlich zur Zen-Praxis gebracht.

Diese japanische Tradition wird mitunter auf eine recht strenge Art gelehrt, die westlichen Praktizierenden nur schwer zugänglich ist. Ihre Begrifflichkeit mit Konzepten wie Satori und Erleuchtung ist uns oft erst einmal unverständlich. Überdies haben die esoterischen und existenziellen Rätsel aus dem Leben alter Zen-Meister nicht selten einen altmodischen Touch. Sie scheinen eher einen exotischen Lebenswandel mit mystischem Beiwerk zu beschreiben, als für unmittelbar gelebte Praxis zu stehen.

Joko hatte die Begabung, ihren Schülerinnen und Schülern diese Praxis auf eine Weise zu erklären, die auf viele der äußeren religiösen Merkmale verzichtete. Ihre Unterweisungen waren praktisch und präzise und für jede und jeden von uns im Alltag anwendbar. Sie war der Überzeugung, dass die gewöhnlichen Dinge unseres Lebens – Beziehungen, Arbeit, finanzielle Probleme – ein hervorragender Nährboden für unsere Übung seien. Gleichzeitig ließ sie nie Zweifel an der Bedeutung der täglichen Meditationspraxis, daran, dass regelmäßiges Üben die Praxis wirkungsvoll macht und uns einen stillen Bereich schenkt, in dem wir die Gewohnheitsmuster und Glaubenssätze, die unser Leben bestimmen, entdecken können. Letztendlich gibt uns das stille Sitzen den Raum, das Leid zu erfahren, das in den meisten von uns vergraben ist. *Zen und das alltägliche Wunder* ist eine Frucht der Unterweisungen Jokos, es beschreibt klar den Weg, den wir mit Engagement und Ausdauer gehen müssen. Vor allem wird dank Jokos Schriften deutlich, dass dieser Weg alles andere als kompliziert ist, was allerdings nicht bedeutet, dass es leicht wäre, ihn zu beschreiten. Tatsächlich verlangt er uns alles ab, das wir haben. Nichtsdestoweniger zeigt Joko auf, dass wir alle in der Lage sind, mit der Praxis Frieden und Freiheit in unserem Leben zu stärken, bis wir schließlich selbst erfahren, was diese – eigentlich nicht existierende – Sache namens Erleuchtung ist.